Iris Bender

Die Strom-Werkstatt

Verlag an der Ruhr

Impressum

Titel: Die Strom-Werkstatt

Autorin: Iris Bender

Druck: Druckerei Uwe Nolte, Iserlohn

Verlag: Verlag an der Ruhr
Postfach 10 22 51
45422 Mülheim an der Ruhr
Alexanderstraße 54
45472 Mülheim an der Ruhr
Tel.: 02 08 – 439 54 50
Fax: 02 08 – 439 54 239
E-Mail: info@verlagruhr.de
www.verlagruhr.de

Überarbeitete und aktualisierte Auflage 2007
ISBN 978-3-86072-679-2

geeignet für die Klasse 1 2 3 4 5 6

Die Schreibweise der Texte folgt der neuesten Fassung der Rechtschreibregeln – gültig seid August 2006.

Ein weiterer Beitrag zum Umweltschutz:

Das Papier, auf das dieser Titel gedruckt ist, hat ca. ***50% Altpapieranteil,*** *der Rest sind* ***chlorfrei*** *gebleichte Primärfasern.*

ÖKOPROFIT® Mülheim an der Ruhr 2007/2008

ÖKOPROFIT®-Betrieb und setzen uns damit aktiv für den Umweltschutz ein. Das ÖKOPROFIT®-Projekt unterstützt Betriebe dabei, die Umwelt durch nachhaltiges Wirtschaften zu entlasten und Kosten zu senken.

Inhaltsverzeichnis

Vorwort

Zum Thema

Elektrischer Strom wird in der heutigen, stark technisierten Lebenswelt in vielfältiger und selbstverständlicher Weise von Erwachsenen und Kindern genutzt. Ein Leben ohne Strom ist für uns heute nur sehr schwer vorstellbar.
Obwohl der Umgang mit elektrisch betriebenen Geräten zu unserem Alltag gehört, ist das Thema ‚Strom' bzw. die Funktionsweise von elektrischen Geräten für uns nur schwer zu verstehen. Wir wissen zwar, dass ein Gerät durch einen Schalter an- bzw. ausgestellt werden kann, warum dies so ist, bleibt vor allem Kindern jedoch erst einmal verschlossen. Aus diesem Grund ist es sinnvoll, das Thema Strom in der Grundschule aufzugreifen, um so den Blick der Kinder unter die Oberfläche einer Thematik zu lenken, mit der sie täglich in Berührung kommen. Sie erhalten auf diese Weise Hilfe bei der Erschließung ihrer Lebenswirklichkeit.
Die vorliegende Stromwerkstatt soll einen Beitrag hierzu leisten. So können die Kinder z.B. die Wirkprinzipien einfacher Geräte durch Versuche erkennen, erhalten Einblicke in einfache Stromkreisläufe und lernen, wie Strom erzeugt wird. Der Transfer der Erkenntnisse auf andere Bereiche ermöglicht es den Kindern dann, sich weitere Erfahrungen aus ihrer Lebenswirklichkeit zu erklären, sie zu ordnen und in schlüssige Zusammenhänge zu bringen. Beispielsweise ist es den Kindern mit dem Wissen über den geschlossenen und offenen Stromkreis möglich, sich später die Funktionsweise der Lampen in ihrem Zimmer zu erklären, da hier die gleichen Prinzipien zu Grunde liegen.

Kurze Sachinformation

An dieser Stelle ist es lediglich möglich, einige sehr kurze Sachinformationen zu geben. Die im Literaturverzeichnis (S. 66) angegebenen Bücher bieten jedoch ausführlichere Erklärungen zum Thema „Elektrischer Strom".

Was ist elektrischer Strom?

In Stoffen, die Strom leiten, existieren unzählige frei bewegliche Ladungsteilchen, sog. Elektronen, die sich ungehindert zwischen den Atomen bewegen. Die Elektronen richten sich alle in eine Richtung aus und bewegen sich durch den Leiter, sobald sie durch eine Energiequelle (Generator/Batterie) angestoßen werden.
Es entsteht ein Elektronenstrom bzw. elektrischer Strom.

Vorgänge im Batteriestromkreis

Im Batteriestromkreis werden die Elektronen dadurch in Bewegung gebracht, dass am Minuspol der Batterie ein Überschuss und am Pluspol ein Mangel an Elektronen besteht. Werden die Pole durch einen Leiter miteinander verbunden, so findet ein Ausgleich statt. Die überschüssigen Elektronen wandern vom Minus- zum Pluspol (dies ist die konventionell festgelegte Richtung). Dadurch entsteht elektrischer Strom.
Fließt der Strom durch ein elektrisches Gerät, wandelt dieses die elektrische Energie in eine andere Energieform (z.B. Wärme) um. Der Elektronenfluss wird dabei genutzt, verloren gehen die Elektronen jedoch nicht. Eine Bedingung für den stetigen Fluss der Elektronen ist ein geschlossener Stromkreis, bei dem die Pole durch eine lückenlose Anordnung von Leitern miteinander verbunden sind. Man spricht vom Öffnen des Stromkreises, wenn z.B. durch einen Schalter der Stromkreis unterbrochen wird. So wie Batterien zwei Pole haben, gibt es auch bei Steckern zwei Anschlüsse.
Auch hier fließt der Strom im Kreis (von einem Anschluss durch einen Leiter und ein Gerät wieder zurück zum anderen Anschluss).

Zum Aufbau der Werkstatt

Die vorliegende Werkstatt ist für ein **3.** oder **4. Schuljahr** konzipiert und so angelegt, dass eine fächerübergreifende und handlungsorientierte Erarbeitung des Themas möglich ist.
Sie gliedert sich in folgende **Bereiche**, die jeweils durch ein **Symbol** gekennzeichnet sind:

Strom allgemein

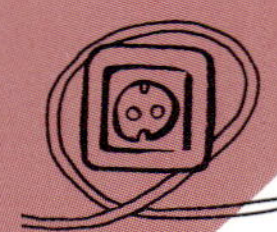
Strom aus der Steckdose

Batterie, Glühlampe, Schalter & Co

Rund um den Stromkreis

Strombasteleien

Das Strom-Spiel

Vorwort

Die Stromwerkstatt ist so aufgebaut, dass es möglich ist, die einzelnen Arbeitsblätter unabhängig voneinander zu bearbeiten. Dies gewährleistet, dass die Kinder nach ihren individuellen Interessen an das Gesamtthema herangehen können, was sich positiv auf ihre Lernmotivation auswirkt.
Innerhalb der Werkstatt finden sich Querverweise, die als Hilfen oder Anregungen von den Kindern genutzt werden können.

Arbeit mit der Werkstatt

Der Stromwerkstatt liegt der Gedanke **offenen Unterrichts** zu Grunde. Die Angebote sind dabei so gestaltet, dass sie die Kinder zum selbstständigen Experimentieren, zum Weiterdenken sowie zu weiterführenden Aktivitäten anregen und ihnen Möglichkeiten geben, aus Fehlern bzw. Irrtümern zu lernen. Auf diese Weise können sie ihr persönliches Vorwissen einbringen und ihren individuellen Lernweg beschreiten.
Darüber hinaus werden die Kinder in der hier vorliegenden Werkstatt angehalten, sich in Selbstständigkeit zu üben, da jedes Kind allein dafür verantwortlich ist, wichtige Informationen zu erhalten, das passende Material bereitzulegen sowie sich einen Partner zu suchen.

Die kompletten Materialien der Werkstatt stellen ein Überangebot dar, aus dem Sie auswählen können, was Sie den Kindern Ihrer Klasse zur Verfügung stellen möchten. Sie kennen die Kinder am besten und können auf diese Weise eine für sie passende Werkstatt zusammenstellen.
Durch die offene Strukturierung der Werkstatt und die **individuelle Auswahl** der Angebote ist am ehesten ein Anknüpfen an die Lernvoraussetzungen der Kinder gewährleistet.

Präsentation der Werkstatt

Es hat sich als sinnvoll erwiesen, die Arbeitsblätter entweder im Klassensatz oder in 3- bis 5-facher Ausfertigung in Ablagekörben zu präsentieren. Damit die Kinder eine gute Übersicht erhalten, ist ein Durchnummerieren der Angebote von Vorteil.
Ein geeigneter Platz für die Tipps zu den Tüftelaufgaben (S. 43–54) kann unter dem jeweiligen Ablagekorb sein. Hier können die Tippkarten verdeckt in 3-facher Ausfertigung liegen.
Die Lösungen können in entsprechend nummerierten und sortierten Umschlägen an einem gesonderten Platz aufbewahrt werden, z.B. als Kartei in einem Schuhkarton. Für das benötigte Material ist zudem der Einsatz von Materialkästen günstig. Diese können in einem separaten Bereich aufgestellt werden. Erhalten sie die zu den Angeboten passenden Nummern, ist es für die Kinder recht einfach, sich in der Werkstatt zurechtzufinden.

Arbeitsblätter

Auf den Arbeitsblättern finden die Kinder den Arbeitsauftrag, notwendige Informationen und genaue Materialangaben bzw. -anregungen.
Damit sich die Kinder schnell einen Überblick über den **Arbeitsauftrag** verschaffen können, ist dieser durchgehend mit diesem **Symbol** gekennzeichnet:

Um Kopien zu sparen, sind die Arbeitsblätter größtenteils so angelegt, dass die Kinder im Heft arbeiten können. In diesem Fall sollten Sie das Arbeitsblatt drei- bis fünfmal kopieren und in eine Klarsichthülle stecken bzw. laminieren.

Folgende Arbeitsblätter sollten allerdings im **Klassensatz** vorhanden sein:
„Mit und ohne Strom“ (S. 10),
„Electricity-Memory®“ (S. 12),
„Erfindungen“ (S. 14),
„Der Dynamo (2)“ (S. 16),
„Stromerzeugung (1–3)“ (S. 17–19),
„Das Kohlekraftwerk“ (S. 20),
„Ökostrom (1/2)“ (S. 21/22),
„Haushaltsstrom“ (S. 25),
„So sparst du Strom“ (S. 29),
„Gefährlicher Strom“ (S. 30),
„Die Batterie“ (S. 31),
„Erleuchtung (1)“ (S. 37),
„Das Schalterinnere“ (S. 42).

Materialkästen

In den Materialkästen sollten Sie zu den einzelnen Angeboten die benötigten Materialsätze in mehrfacher Ausfertigung liegen haben.
Preiswertes Material bekommen Sie über den Energieverlag VWEW (Adresse siehe S. 66).
Erfahrungsgemäß ist es sinnvoll, die Kabel (Drähte) an den Enden für die Kinder abzuisolieren, da ansonsten u.a. mehrere Abisolierzangen zur Verfügung stehen müssten.
Den Inhalt der **Materialkisten** zu den Tüftelaufgaben können Sie beliebig mit Kleinteilen ausstatten, sollten aber darauf achten, dass die auf den Arbeitsblättern vorgeschlagenen Materialien vorhanden sind.
Zur Förderung der Kreativität hat es sich auch als gut erwiesen, eine Materialkiste zum freien Untersuchen und Experimentieren gemeinsam mit den Kindern einzurichten, in der z.B. alte Wandschalter u.Ä. aufbewahrt werden können. Mit den Materialien dieser Kiste darf nach Belieben experimentiert werden, was zu weiterführenden Fragestellungen führen kann.

Vorwort

Arbeits-Pass

Zu Beginn der Werkstatt erhalten alle Kinder einen Arbeits-Pass, der ihnen einen Gesamtüberblick über das Angebot gibt und während der kompletten Werkstatt zu jeder Zeit ihre Arbeitssituation aufzeigt. Auch für die Lehrperson ist es so leichter, den Stand der Kinder zu überblicken.

Die hier vorliegende **Kopiervorlage** (S. 8) ist ein Blanko-Formular, das Sie individuell anpassen und vervollständigen können. So haben Sie die Möglichkeit, qualitative und quantitative Differenzierungsmaßnahmen vorzunehmen. Zudem ist es möglich, Pflichtaufgaben mit einem Symbol zu kennzeichnen.

Jedes Kind hat den Auftrag einzutragen, wann es ein Angebot bearbeitet hat. Anschließend soll es sich durch eine Unterschrift im Arbeits-Pass bestätigen lassen, dass seine Bearbeitung kontrolliert wurde. Die Kontrolle kann durch Sie stattfinden oder durch die Experten des entsprechenden Angebots.

„**Experten**“ sind solche Kinder, die zuvor durch Sie in ein Angebot eingewiesen worden sind und nun als Ansprechpartner für die anderen Kinder bei diesem Angebot Hilfestellung leisten. Zu Beginn der Werkstatt sollte mit den Kindern geklärt werden, wer für welches Angebot Experte sein möchte.

Durchführung von Werkstattstunden

Es hat sich als günstig herausgestellt, wenn die Kinder für die Werkstattarbeit täglich **zwei Schulstunden** zur Verfügung haben. Ein fester Platz im Stundenplan wäre optimal.

Auch innerhalb der Stunden ist eine gewisse Festlegung des Ablaufs sinnvoll, da sie den Kindern Orientierung gibt und es ihnen erleichtert, sich mit eigenen Aktivitäten und Ideen in den Unterricht einzubringen. Als Unterrichtseinstieg eignet sich eine gemeinsame Phase, in der z.B. organisatorische Fragen geklärt werden können und ein Ausblick auf die Schluss- bzw. Reflexionsphase gegeben wird. Anschließend arbeiten die Kinder allein oder mit einem Partner an den Angeboten. Dazu holen sie sich Materialien und das Arbeitsblatt des ausgewählten Angebots an ihren Platz. Nur für Partner- oder Gruppenarbeit wird die Sitzordnung aufgelöst. Den Abschluss der Werkstattstunde sollte erneut eine gemeinsame Runde bilden. Diese kann durch eine sehr kurze Ruheübung eingeleitet werden. Anschließend bietet sich die Gelegenheit, Fragen zu stellen und Schwierigkeiten zu klären. Zudem ist hier der Raum, um gemeinsam über Sachaspekte nachzudenken oder gemeinsame Aktivitäten zu planen.

Einige Hinweise und Ideen für Ihren Unterricht

- ✦ Thematisieren Sie die Gefahren durch Strom vor dem Beginn der Werkstattarbeit! Dazu können Sie das entsprechende Arbeitsblatt „Gefährlicher Strom“ (S. 30) für eine separate Unterrichtsstunde „herauslösen“ oder den Bereich auf eine andere Weise besprechen. Lassen Sie z.B. die Kinder die Steckdosen in der Klasse mit vorgeklebten, klappbaren Papierschildern verdecken, auf denen „Vorsicht Strom“ steht. Betonen Sie immer wieder, dass die Kinder niemals Experimente mit Strom aus der Steckdose durchführen dürfen. Hängen Sie evtl. ein großes Plakat mit dieser Regel auf.
- ✦ Bevor erstmals an der Werkstatt gearbeitet wird, bietet sich eine kurze Orientierungsphase an. Die Kinder können aus den Materialkästen Gegenstände mit in den Kreis bringen. Fachbegriffe können geklärt und ein Plakat mit diesen Begriffen zur Hilfe bei der Werkstattarbeit erstellt werden.
- ✦ Klären Sie, dass die Tipps für die Tüftelaufgaben erst nach ausführlichem selbstständigen Probieren zum Einsatz kommen sollten. Betonen Sie auch hier nochmal, dass die Versuche mit Batterien und auf keinen Fall mit Strom aus der Steckdose durchgeführt werden.
- ✦ Richten Sie gemeinsam mit den Kindern einen Büchertisch zum Thema ein.
- ✦ Als Nachbesprechung bzw. Vertiefung des Arbeitsblattes „Haushaltsstrom“ (S. 25) findet sich im Buch von Pince, Robert: Forschen und Experimentieren, S. 59 (s. Literatur S. 66) ein einfacher und eindrucksvoller Versuch zur Funktionsweise von Sicherungen, der im Sitzkreis durchgeführt werden kann.
- ✦ Plakate mit Stromspartipps sowie mit Hinweisen zu Gefahren durch Strom können von den Kindern für den Aushang in der Schule erstellt werden.
- ✦ Die Kinder können Batteriesammelbehälter für die Schule gestalten, Aufstellmöglichkeiten abklären und deren Leerung organisieren.
- ✦ Der Weg des Stroms bei der Fahrradbeleuchtung (durch den Rahmen) kann erarbeitet werden. Erworbenes Wissen (Leiter/Isolatoren/geschlossener Stromkreis) lässt sich auf dieses Beispiel gut übertragen.

Vorwort

Infos und Lösungen zu den einzelnen Angeboten

- **Electricity-Memory® (S. 12)**
  Die Aussprache der englischen Wörter muss vorher im Klassenverband geübt werden.

- **Haushaltsstrom (S. 25)**
- **Stromzähler (S. 26)**
  Die Arbeitsblätter sind als Hausaufgabe konzipiert, da die Möglichkeiten für das Bearbeiten der Aufgaben in der Schule nicht gegeben sind.

- **Batteriemüll (S. 33)**
  1. Im Durchschnitt wurden 11 Batterien im Jahr weggeworfen.
  2. In einem Jahr würden insgesamt 880 Millionen Batterien weggeworfen werden.
  4. 12 000 t Altbatterien wiegen so viel wie 2000 Elefanten.

- **Schlaue Batterien (S. 34)**
  1. Ein Akkupaar hält 5 250 Std.
  2. In der gleichen Zeit benötigt man 525 Paar Batterien. Das sind 1050 einzelne Batterien.
  3. Die Batterien kosten 525 €.

- **Was ist Volt? (S. 39/40)**
  Die 1,5-Volt-Glühlampe wird leicht schwarz und der Glühfaden reißt.
  Wegen des Materialverbrauchs ist der Versuch als Gruppenarbeit angelegt.

Rund um den Stromkreis –

- **Tüftelaufgaben (S. 43–56)**
  Die Tüftelaufgaben können wahlweise in Einzel- oder Partnerarbeit durchgeführt werden.

- **Tüftelaufgabe 4 (S. 46b)**
  Hebelschalter zeigen besonders klar die Unterbrechung des Stromkreises, sind aber im Handel nur sehr schwer oder gar nicht zu erhalten. Bauen Sie die Schalter für diese Aufgabe selber zusammen.

Bauanleitung Schalter

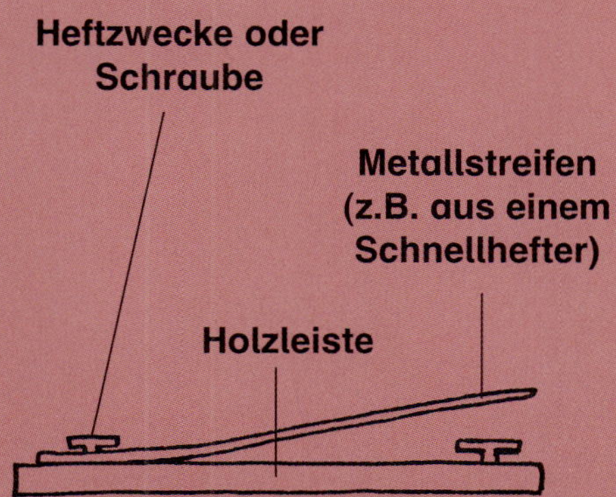

- **Das Strom-Spiel (S. 61–65)**
  Das Spiel vertieft spielerisch verschiedene Lerninhalte der Werkstatt.
  Deswegen empfiehlt es sich, das Spiel erst zum Schluss der Werkstatt anzubieten.

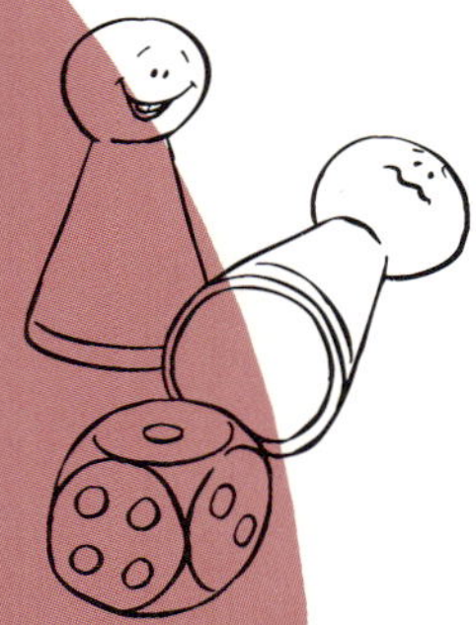

Arbeits-Pass von: ______________________________

Angebot:	erledigt am:	kontrolliert/ vorgestellt am:

Redensarten

Sicher fallen dir noch andere Redensarten rund ums Thema „Strom“ ein. Schreibe sie in Sprechblasen in dein Heft.
Was bedeuten diese Redensarten?
Schreibe ihre Bedeutung neben die Sprechblasen.

In unserer alltäglichen Sprache findest du immer wieder Redensarten, die mit dem Thema „Strom“ zu tun haben.
Hier ein Beispiel:

TIPP Versuche es einmal mit diesen Wörtern:

... Licht ...

... Fassung ...

... Erleuchtung ...

... unter Spannung ...

... unter Strom ...

Stromausfall

Stell dir vor, bei euch zu Hause würde der Strom ausfallen. Überlege dir, was an einem solchen Tag geschehen könnte. Schreibe dazu eine Geschichte in dein Heft.

Hast du schon einmal erlebt, dass der Strom ausgefallen ist? Manchmal geschieht das nur in einem einzelnen Haus, manchmal für einige Zeit in einer ganzen Straße. Auch eine ganze Stadt kann einen Stromausfall erleben. Straßenbahnen und Züge stoppen, Aufzüge bleiben stecken, Küchengeräte, Fernseher, Computer und andere Dinge fallen aus.

Mit und ohne Strom

Schaue dir die Bilder an. Immer zwei gehören zusammen. Zeichne eine Tabelle in dein Heft, schneide die Bilder aus, und klebe sie paarweise so ein, wie du es unten im Beispiel siehst.

Du nutzt täglich Strom bei vielen Gelegenheiten. Deine Urururgroßeltern konnten das nicht, weil elektrischer Strom noch nicht so lange entdeckt war und erst für wenige Dinge genutzt wurde.

Die Bilder unten zeigen dir, welche Gegenstände die Menschen früher benutzt haben und welche elektronischen Gegenstände wir in der Regel heute stattdessen benutzen können.

Früher benutzten die Menschen...	**Heute können wir stattdessen benutzen ...**
 Handbohrer	 Elektrischer Bohrer

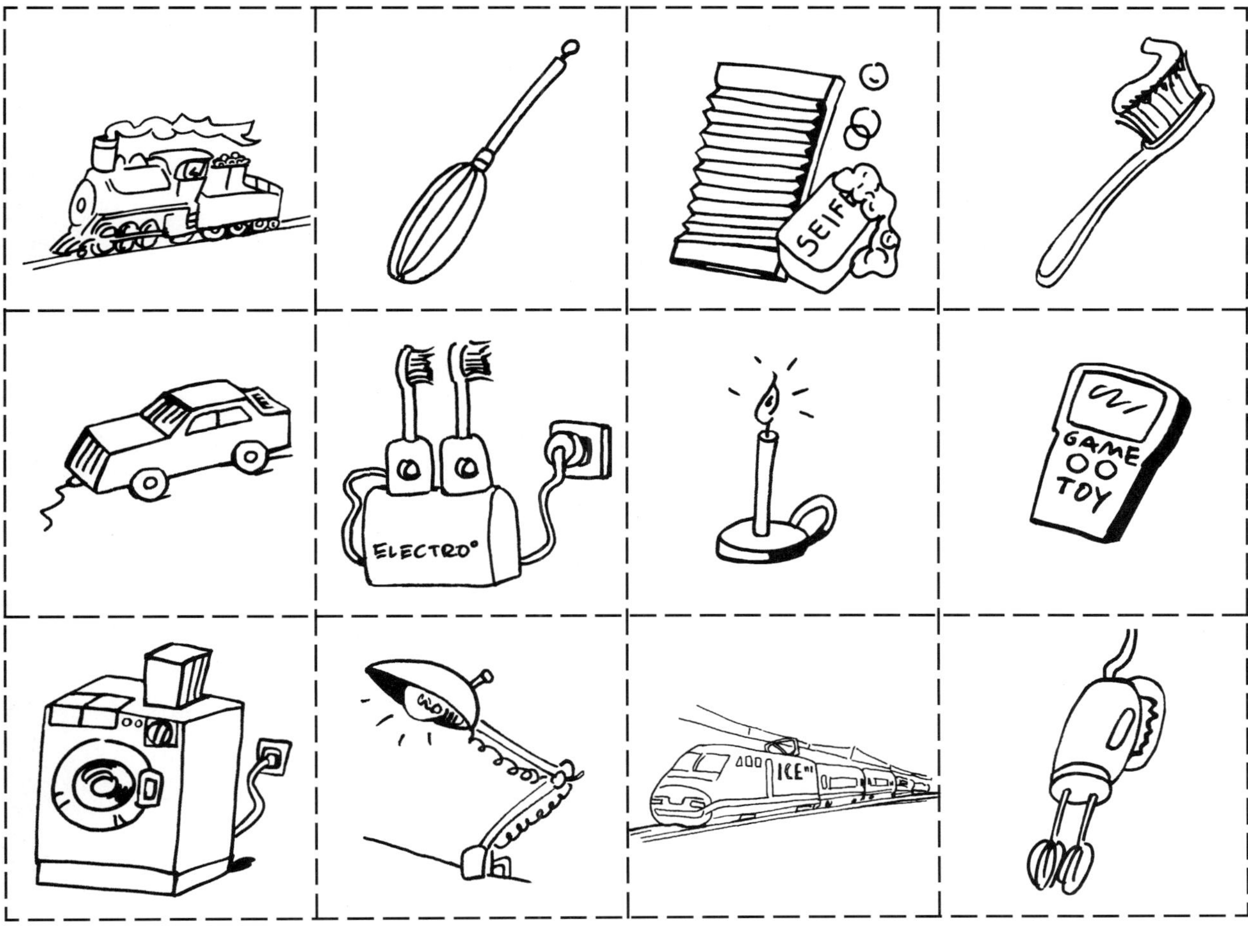

Stromnutzer

Sicher nutzt auch du Strom ganz selbstverständlich. Hast du dir aber schon einmal überlegt, wofür wir heute überall Strom gebrauchen? Sind es viele Gelegenheiten und Geräte?

Schreibe aus dem Gedächtnis eine Liste mit elektrischen Geräten in dein Heft, die ihr zu Hause und auch in der Schule benutzt.

Forsche zu Hause nach, ob es noch mehr elektrische Geräte in eurer Wohnung gibt, die dir nicht aus dem Gedächtnis eingefallen sind.
Ergänze deine Liste.

Du hast nun Stromnutzer im Haus und in der Schule aufgespürt. Wie viele sind es? In welchem Raum hast du die meisten gefunden? Zähle nach.

Strom wird aber nicht nur in Haushalten oder in der Schule genutzt. Fallen dir noch andere Bereiche oder Geräte ein, die Strom brauchen? Ergänze deine Liste.

Was denkst du: Ist Strom in unserem Leben etwas Wichtiges? Besprich es mit anderen Kindern. Tauscht eure Meinung über das Thema aus. Versuche, deine Meinung zu begründen.

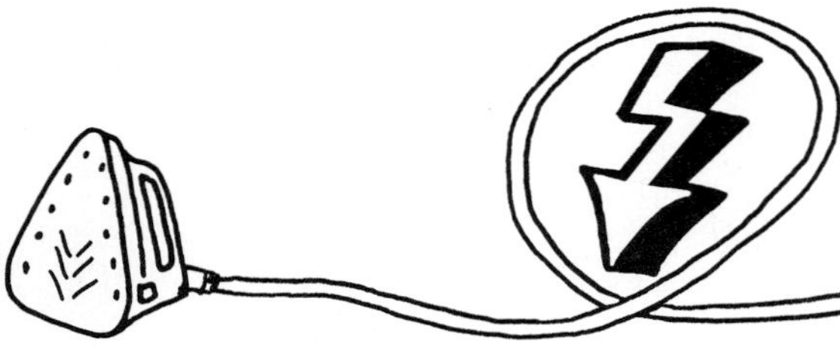

Electricity-Memory®

Schneide die Karten aus, und lege die zwei passenden Wort- und Bildkarten zusammen. So lernst du englische Wörter zum Thema **Electricity = Strom** kennen.

Mit einem Partner kannst du nun Memory spielen. Beachte aber: Ein Kartenpaar gehört dir erst, wenn du das englische Wort und seine deutsche Bedeutung auf den entsprechenden Spielkarten vorgelesen hast.

Kabel

cable

Stecker

Batterie

battery

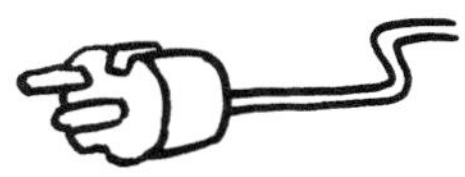

plug

Schalter

switch

Achtung, Lebensgefahr

Glühlampe

bulb

Attention, danger of life

Strom-Gedicht

Übe einen Gedichtvortrag.
Du kannst das Gedicht vorlesen oder auswendig lernen und es mit Bewegungen und deiner Stimme interessanter gestalten.

Was kann der elektrische Strom erzeugen?
Die Antworten findest du im Gedicht.
Zeichne eine Tabelle in dein Heft, und schreibe die vier Möglichkeiten auf. Schreibe passende Geräte dazu, die elektrischen Strom benötigen.

Licht	?	?	?
Glühlampe			

Weißt du, in was der Strom bei den Geräten, die unten in den Schildern stehen, umgewandelt wird? Sortiere die Geräte in die Tabelle in deinem Heft ein.

Ein Strom, der wusste nicht wohin,
da kam ihm plötzlich in den Sinn,
dass er ganz viel erzeugen kann,
und damit fing er dann gleich an.

Zuerst, so dacht' er, mach' ich Licht,
die Dunkelheit, die mag ich nicht.
In Glühlampen schlüpf' ich hinein,
dann gibt es Licht und hellen Schein.

Die Straßenbahn, die braucht auch
Strom, ich setz' sie in Bewegung schon.
Ins Kabel krieche ich mit Druck,
schon fährt sie los mit einem Ruck.

Dann flitz' ich in den Herd ganz gerne,
und gib mit aller Kraft die Wärme.
Man kann jetzt seine Suppe brühen,
die Platten bringe ich zum Glühen.

Heut' helf' ich, dacht' er, wo ich kann
und schmeiß' zuletzt den Kühlschrank an.
Die Kälte wird ganz nützlich sein,
drum flitz' ich schnell durchs Kabel rein.

Wie schön, dass ich so nützlich bin,
dacht' der Strom so vor sich hin.
Doch sei zum Abschluss noch gesagt:
Mit mir zu spielen ist gewagt.

Taschenlampe **Gefriertruhe** **Ferngesteuertes Auto**

Bügeleisen **Herdplatte** **Mixer**

Erfindungen

2002
2000
1990
1980
1970
1960
1950
1940
1930
1920
1910
1900
1890
1880
1870
1860
1850
1840
1830
1820
1810
1800

Schneide die Bilder aus, und klebe sie richtig neben die Zeitleiste. Verbinde die Jahreszahl in der Zeitleiste und das entsprechende Bild mit einem Strich.

Beantworte danach die Fragen in den Sprechblasen.

1879 entwickelte Thomas Edison die erste leuchtende elektrische Glühlampe.

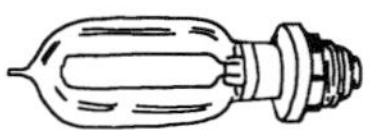

1954 wurde die erste funktionstüchtige Solarzelle erfunden.

1881 fuhr in Berlin die erste elektrische Straßenbahn der Welt.

1799 wurde die erste einfache Batterie (die Voltasche Säule) erfunden.

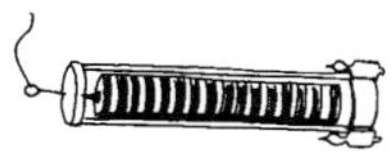

1882 wurde die erste elektrische Straßenbeleuchtung errichtet.

Hättest du irgendwo auf der Welt vor 100 Jahren mit einer Straßenbahn fahren können?

Wurde die Glühlampe oder die Batterie zuerst erfunden? Wie viele Jahre liegen zwischen den beiden Erfindungen?

Wie viele Jahre musst du in der Zeit zurückreisen, um die Erfindung der Batterie mitzuerleben?

Vor wie viel Jahren ist die Solarzelle erfunden worden?

Der Dynamo (1)

Suche dir einen Partner. Lest euch beide den kurzen Text zum Dynamo genau durch. Schaut euch das Bild vom Dynamo an.

Erklärt euch dann gegenseitig, wie ein Dynamo Strom erzeugt.

Am Beispiel eines Dynamos kann man am besten verstehen, wie Strom erzeugt wird.

Sicher weißt du, dass erst durch den Dynamo die Lampe an deinem Fahrrad leuchtet. Der Dynamo liefert den elektrischen Strom für die Glühlampe, wenn er am Fahrradreifen anliegt. Er ist eine Stromquelle.

Der Dynamo funktioniert so:
Er besteht aus einem **Antriebsrad**, einem **Magneten** und einer **Spule**. Die Spule ist ein Eisenstück, das mit Draht umwickelt ist. Der Magnet und die Spule sind im Inneren des Dynamos, das Antriebsrad siehst du außen.
Wenn du trampelst, dreht sich der Fahrradreifen und mit ihm das Antriebsrad am Dynamo. Bestimmt hast du das schon einmal beobachtet. Du benötigst dann viel mehr Kraft zum Trampeln.
Da der Magnet innen am Antriebsrad befestigt ist, dreht er sich nun mit; immer vorbei an der Spule aus Draht. Allein durch das Vorbeidrehen fließt nun in der Spule elektrischer Strom, und die Glühlampe am Fahrrad leuchtet.
Im Dynamo wird also deine **Muskelkraft** (Bewegungsenergie) in **elektrischen Strom** (elektrische Energie) umgewandelt.

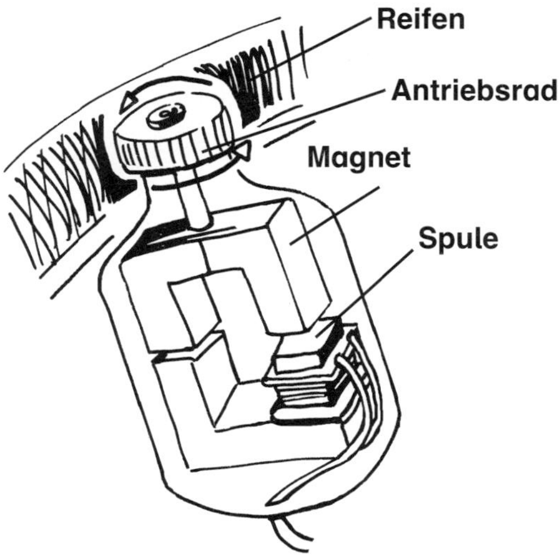

Der Dynamo (2)

Schneidet die acht Frage- und Antwortkarten aus, und legt sie verdeckt und gestapelt auf den Tisch. Zieht abwechselnd eine Karte, und lest die Frage eurem Partner vor.
Zur Kontrolle findet ihr die richtigen Antworten unter den Fragen. Steckt die vorgelesenen Karten wieder in den Stapel. Nach kurzer Zeit könnt ihr sicher alle Fragen richtig beantworten.

Was dreht sich im Inneren eines Dynamos?

Ein Magnet.

Aus welchen wichtigen Teilen besteht ein Dynamo?

Spule, Magnet, Antriebsrad.

Wann dreht sich der Magnet im Inneren des Dynamos?

Wenn das Antriebsrad am Reifen anliegt, jemand trampelt und sich dadurch das Antriebsrad bewegt.

Was geschieht, wenn sich der Magnet an der Spule vorbei dreht?

In der Spule fließt allein durch die Drehung Strom. Der elektrische Strom fließt durch ein Kabel zur Glühlampe.

Wie geht der Satz weiter? „Mit Hilfe meiner Muskelkraft wird durch den Dynamo …“

… elektrischer Strom erzeugt.

Wieso leuchtet das Licht am Fahrrad nicht, wenn du stehst?

Der Reifen dreht sich nicht, und deswegen dreht sich auch der Magnet nicht an der Spule vorbei. Es fließt also kein Strom zur Fahrradlampe.

Woraus besteht die Spule?

Aus einem Eisenstück, das mit einem Draht umwickelt ist.

Wie geht der Satz weiter? „Der Dynamo liefert den Strom für die Fahrradlampe. Er ist eine …“

… Stromquelle.

Stromerzeugung (1)

Schneide die Kästchen auf S. 17, 18 und 19 aus. Sortiere immer passend Bild und Text zusammen, und klebe alles in dein Heft.

Eine Art der Stromerzeugung kommt ohne einen Generator aus. Welche ist es? Schreibe die Antwort in dein Heft.

Die großen Strommengen, die wir in Deutschland täglich benötigen, werden in Kraftwerken erzeugt. So wie der Dynamo Strom erzeugt, so ähnlich wird auch Strom in den Kraftwerken gewonnen.
Es gibt zwar verschiedene Arten von Kraftwerken, aber fast alle funktionieren nach dem gleichen Prinzip: Eine **Turbine** (das ist ein Schaufelrad oder eine Art Propeller) dreht sich und setzt einen Magneten im **Generator** in Gang. Der Generator arbeitet ähnlich wie der Fahrraddynamo. Der **Magnet** im Generator dreht sich an **Drahtspulen** (mit Draht umwickelte Eisenstangen) vorbei.
Allein dadurch fließt Strom.

Die Turbine wird bei den verschiedenen Kraftwerken allerdings auf unterschiedliche Art angetrieben. In den Bildern und Texten erfährst du wie.

Generator

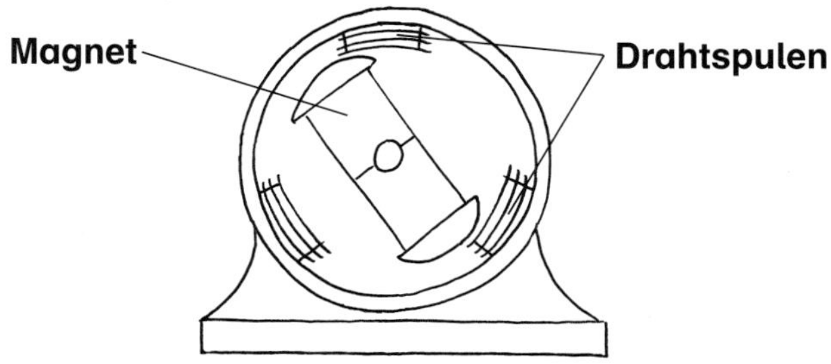

Wärmekraftwerk
Im Wärmekraftwerk wird **Kohle**, **Erdöl** oder **Erdgas** verbrannt. Mit der Wärme wird Wasser erhitzt und dadurch **Wasserdampf** erzeugt. Durch den Dampf dreht sich die **Turbine** und damit der **Magnet** im **Generator**. Durch das Vorbeidrehen des Magneten an der Spule wird Strom erzeugt.

Wasserkraftwerk
Fließendes **Wasser** aus **Stauseen** oder **Flüssen** bringt die **Turbine** wie ein Wasserrad in Bewegung. Mit der Bewegungskraft der Turbine wird der **Generator** betrieben und Strom erzeugt.

Sonnenanlage (Solaranlage)
In sogenannten **Solarzellen** wird durch das Sonnenlicht Strom erzeugt.

Stromerzeugung (2)

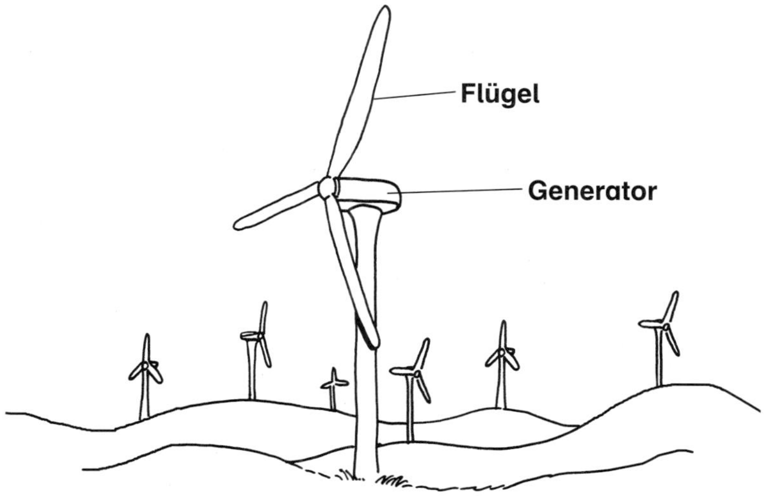

Kernkraftwerk

Im Kernkraftwerk wird durch die sogenannte **Kernspaltung** in **Brennstäben** Wärme erzeugt.
Die entstehende Wärme wird genutzt, um damit **Wasser** zu erhitzen.
So entsteht **Wasserdampf**. Der Wasserdampf treibt die **Turbine** und mit ihr den **Generator** an.

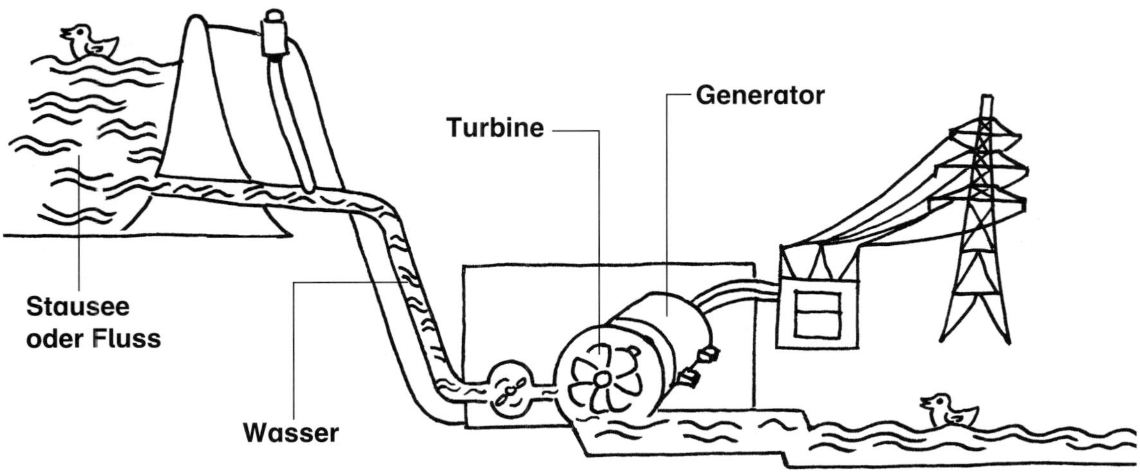

Windpark

Hier wird die Kraft des Windes genutzt, um die Flügel der Windräder zu drehen. Mit ihnen dreht sich der **Magnet** im Inneren des **Generators**, und so fließt Strom.

Stromerzeugung (3)

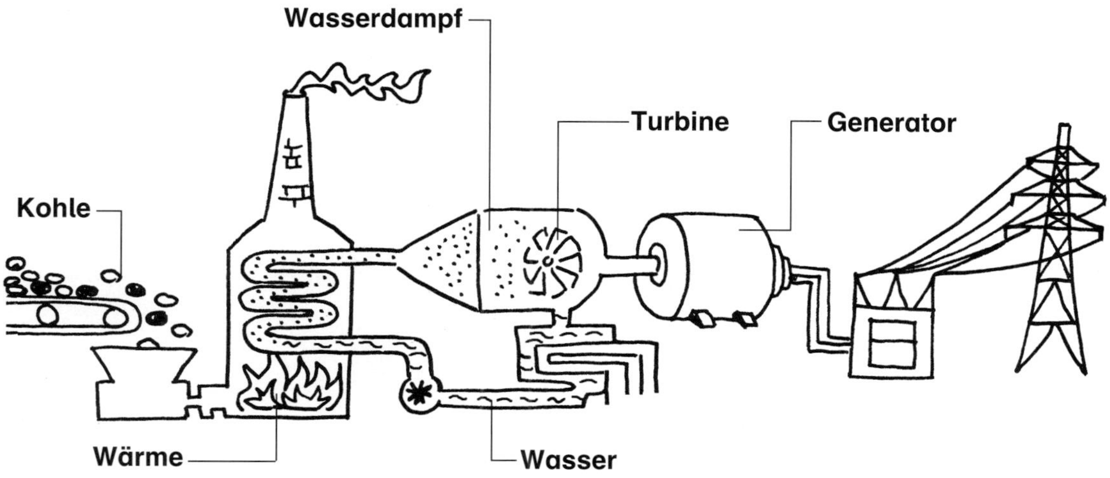

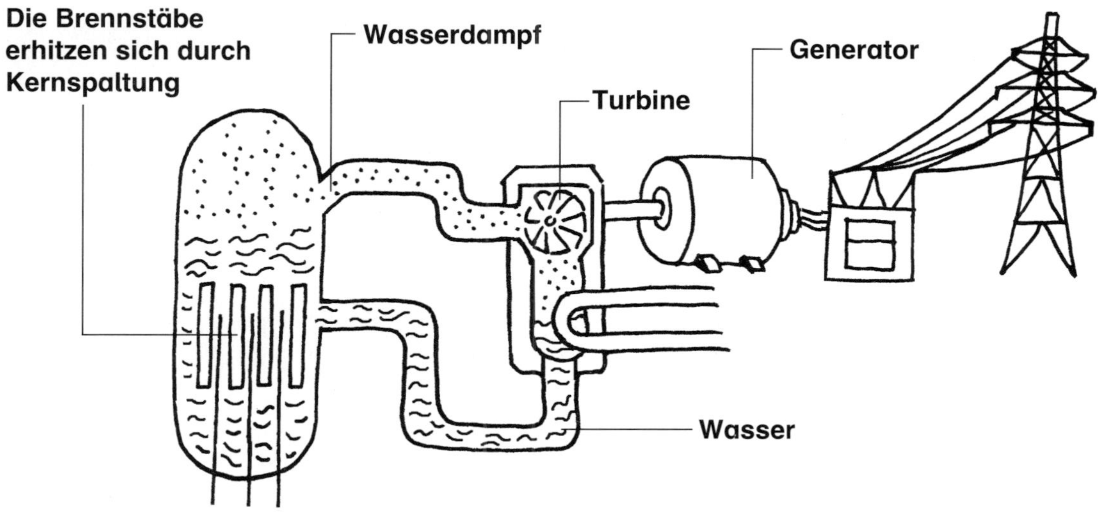

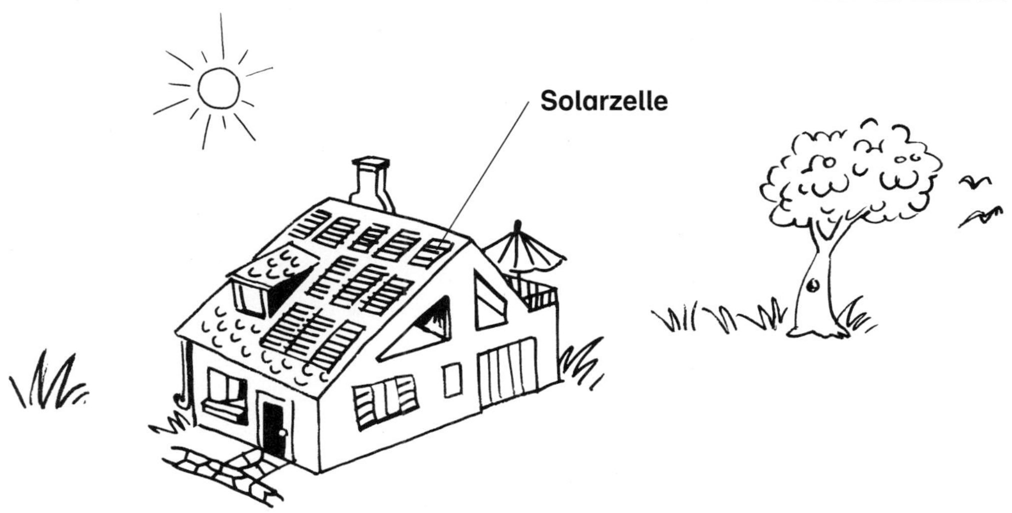

Das Kohlekraftwerk

Lies den Infotext über das Kohlekraftwerk durch.
Trage in die Lücken die passenden Begriffe ein,
die du unten im Bild findest.

Das Kohlekraftwerk

Über die Hälfte unseres Stroms wird heute in Kohlekraftwerken erzeugt. Riesige Mengen ______________________________ werden dazu aus der Erde geholt und zu Kohlekraftwerken gebracht. Im Kraftwerk werden diese riesigen Mengen in einer ____________ zuerst zu Pulver zermahlen. Anschließend wird das Pulver dann im ______________ verbrannt. Dabei entstehen umweltschädliche Abgase, die mehrmals gefiltert werden. Die Luft wird aber nicht wieder völlig sauber. Durch einen ___________________ gelangen die Abgase leider in die Umwelt. Kohlekraftwerke sind sogenannte Wärmekraftwerke. Sie heißen so, weil mit der Wärme der verbrannten Kohle im ______________ Wasser, das durch ein Rohr fließt, sehr stark erhitzt wird. Aus dem _______________ entsteht ______________________________. Wie du sicher von einem Kochtopf weißt, kann Wasserdampf viel Kraft haben. Du siehst es daran, dass bei kochendem Wasser der Deckel des Topfes irgendwann vom Wasserdampf hoch gedrückt wird. Beim Kohlekraftwerk drückt der heiße Wasserdampf mit viel Kraft gegen die Schaufeln der ______________________. Sie beginnt, sich dadurch zu drehen. Die Turbine ist mit einem Magneten im Inneren des ______________________________ verbunden. Mit der Turbine dreht sich auch der Magnet. Er dreht sich an Spulen vorbei und erzeugt so Strom.

Kohlekraftwerk

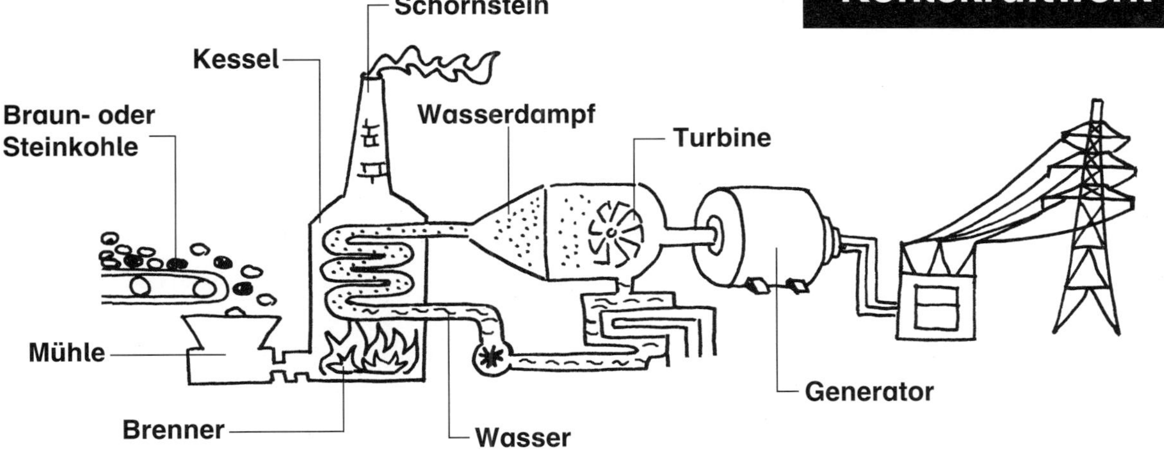

Ökostrom (1)

In den Puzzleteilen auf der nächsten Seite (S. 22) verstecken sich drei Bilder. Finde mit Hilfe der Bilder heraus, welche erneuerbaren, natürlichen Energiequellen es gibt. Schneide dazu die Puzzleteile aus, füge die Bilder richtig zusammen, und klebe alles in dein Heft.

Schreibe anschließend den folgenden Satz lückenlos unter die Bilder.

Es schont die Umwelt, wenn wir Strom mit Hilfe von

______________________, ____________________ oder

____ erzeugen.

Wieso schont diese Art der Stromerzeugung die Umwelt?

Bei dieser Art der Herstellung von Strom entsteht weder Schmutz noch werden Abgase in die Luft geblasen oder radioaktive Abfälle produziert. Die Umwelt wird auf diese Weise kaum geschädigt.
Außerdem stehen uns diese Naturkräfte, mit deren Hilfe hier Strom gewonnen wird, fast unendlich zur Verfügung. Die Natur erneuert sie unermüdlich, schon seit Milliarden von Jahren.
Wir sprechen deswegen auch von **Strom aus erneuerbaren Energien**.

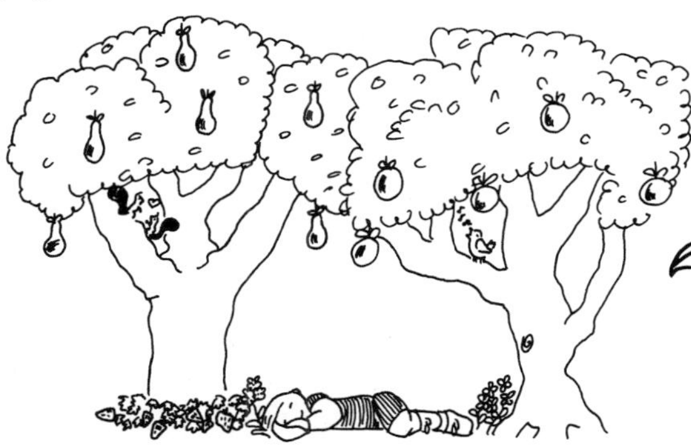

Ökostrom (2)

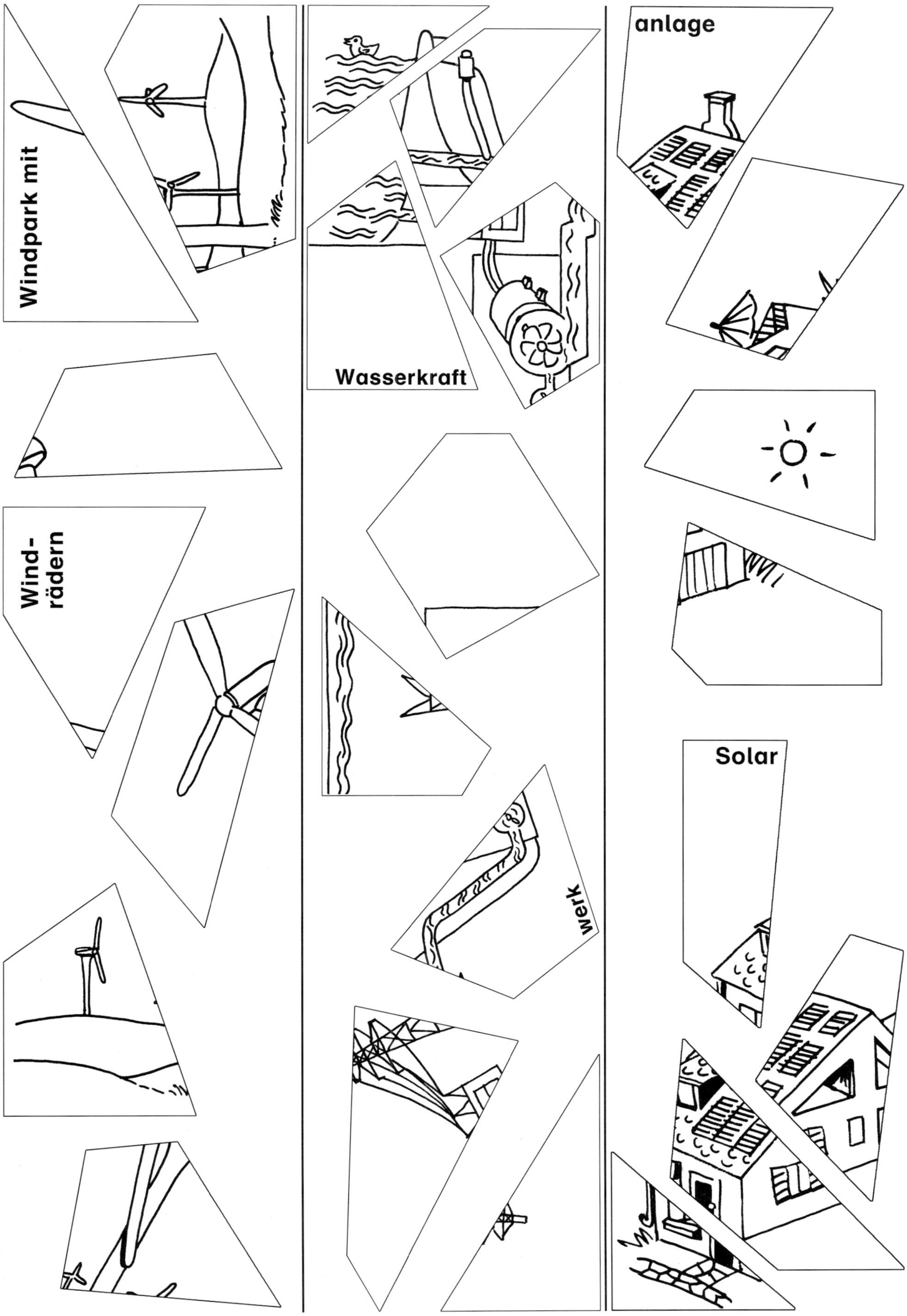

Stromspannung (1)

Lies den Infotext über den Weg des Stroms zum Haus, und schaue dir das dazu passende Bild auf Seite 24 an.

Forsche nach, ob an deinem Wohnort Hochspannungsmasten stehen. Informiere dich außerdem, wo sich bei euch die nächste Trafostation befindet.

Der Strom, den wir täglich benötigen, wird direkt von Kraftwerken über Leitungen im ganzen Land, sogar bis zu den abgelegensten Orten, verteilt. Dazu werden unterschiedliche Leitungen genutzt, durch die der Strom vom Kraftwerk bis zu unserem Haus mit immer weniger Druck, das heißt **Spannung**, geschickt wird. Der Strom kommt also mit weniger Spannung bei uns am Haus an, als er vom Kraftwerk losgeschickt wird. Wäre das nicht so, würde der Strom für unsere Haushalte viel zu stark und damit zu gefährlich sein.
Die Spannung wird aber nicht von alleine bis zu unserem Haus immer weniger, sondern sie muss verringert werden. Das geschieht in sogenannten **Umspannanlagen**, den **Transformatoren** (abgekürzt sagt man Trafos). Trafostationen befinden sich immer zwischen den einzelnen Leitungsarten. Von Höchst- zu Hoch- zu Mittel- und zu Niederspannungsleitungen wird die Spannung also jedesmal niedriger.
Weite Strecken seines Weges legt der elektrische Strom durch **Überlandleitungen** zurück. Dabei sind die Stromleitungen von einem großen **Hochspannungsmast** zum nächsten in großer Höhe gezogen. Zu unseren Häusern führen allerdings fast immer **Erdkabel**, die, wie der Name schon sagt, unter der Erde verlaufen. Nur in kleinen Dörfern sind manchmal noch Kabel frei von Dach zu Dach gezogen.

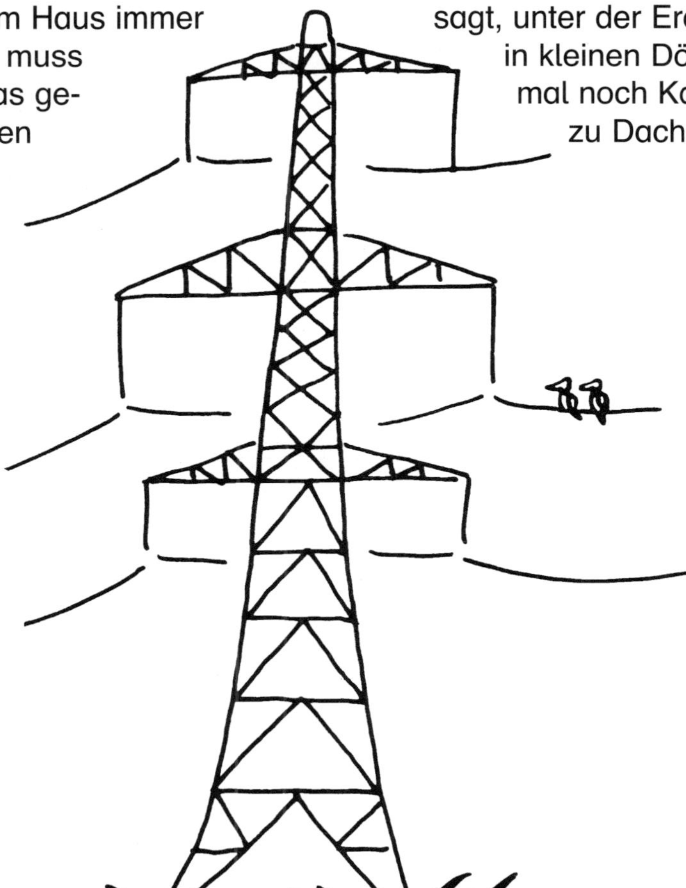

Stromspannung (2)

Trage im Bild diese Begriffe ein.

Transformator	Erdkabel	Kraftwerk
Überlandleitung	Hochspannungsmast	

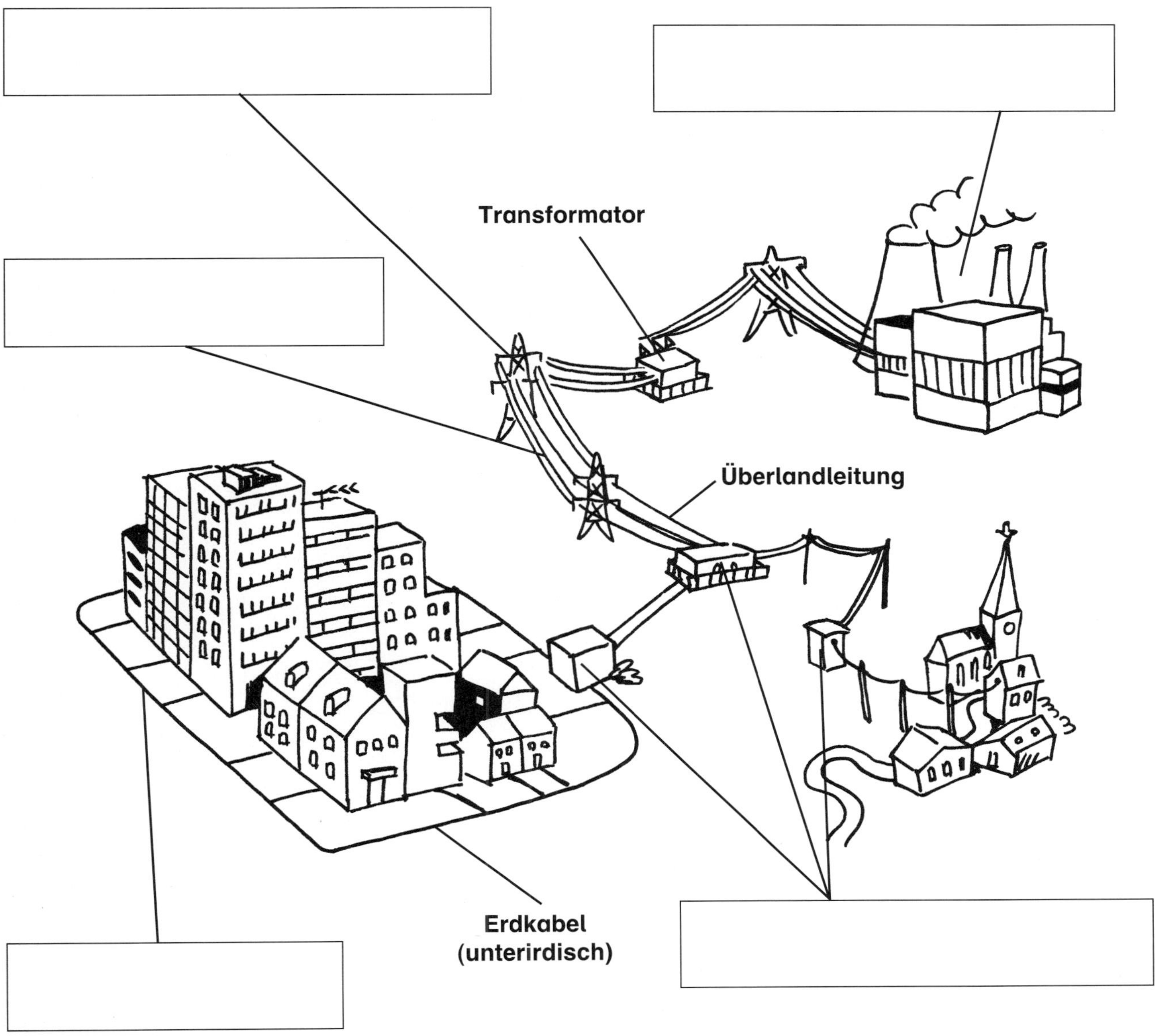

Haushaltsstrom

Lass dir von einem Erwachsenen den **Hausanschlusskasten**, den **Stromzähler** und den **Sicherungskasten** zeigen.
Bearbeite dabei die Aufgaben unten.
Schreibe deine Ergebnisse in dein Heft.

Unser Strom kommt vom Kraftwerk durch Stromleitungen in unser Haus, genauer gesagt bis zum **Hausanschlusskasten**. Von dort muss er erst einmal durch einen **Stromzähler** und den **Sicherungskasten**, bevor er in die verschiedenen Zimmer durch Kabel zu den einzelnen Steckdosen verteilt wird.

Achtung!
Alles nur angucken,
nicht anfassen!
Strom ist lebensgefährlich!

1. Am Stromzähler
Kraftwerke und Stromleitungen müssen gebaut und auch gewartet werden. Das kostet Geld, und deswegen ist auch der Strom aus der Steckdose nicht umsonst. Am Stromzähler wird angezeigt, wie viel Strom wir verbrauchen. Gemessen wird der **Stromverbrauch** in **Kilowattstunden** (abgekürzt **kW/h**). Finde heraus, wo du ablesen kannst, wie viele Kilowattstunden in eurem Haushalt schon verbraucht wurden. Beschreibe den Stromzähler.

2. Am Hausanschlusskasten
Wie heißt die Firma, von der ihr euren Strom bekommt? Findest du den Namen oder eine Abkürzung des Namens auf dem Kasten?

3. Am Sicherungskasten
Informiere dich, wozu ein Sicherungskasten in jedem Haus da ist. Kannst du herausfinden, wofür eine Sicherung da ist? Frage einen Erwachsenen.

Stromzähler

In jedem Haus oder jeder Wohnung gibt es einen Stromzähler. Er zeigt den Stromverbrauch an, denn Strom aus der Steckdose müssen wir genauso wie Batterien bezahlen.
Lass dir zu Hause von einem Erwachsenen den Stromzähler zeigen. Ob irgendwo im Haus oder in der Wohnung gerade Strom verbraucht wird, erkennst du daran, wenn sich die Drehscheibe des Stromzählers dreht oder nicht. Du kannst auch an der Schnelligkeit, in der sich die Drehscheibe dreht, erkennen, ob der Stromverbrauch hoch oder niedrig ist.

Was, denkst du, verbraucht mehr Strom: euer Elektroherd oder sechs eingeschaltete Glühlampen? Schreibe deine Vermutung in dein Heft.

Mache nun einen Versuch, um es herauszufinden.
Du benötigst dazu einen Partner, der die Geräte an- und ausschaltet.

So geht es:

1. Beobachte die Drehscheibe des Stromzählers, ohne dass der Elektroherd oder die Glühlampen angeschaltet sind.
2. Dein Partner soll dann den Backofen des Herdes ungefähr 20 Sekunden anschalten (**Achtung:** Es darf sich nichts im Backofen befinden, außer den Backblechen).
   Beobachte genau, was mit der Drehscheibe geschieht.
3. Schaltet den Herd nun wieder ganz aus.
4. Jetzt soll dein Partner die sechs Glühlampen einschalten.
   Beobachte wieder die Drehscheibe.
5. Schreibe deine Beobachtung in dein Heft, und notiere jetzt auch, was mehr Strom verbraucht. Ist es der Elektroherd oder sind es die sechs Glühlampen?

Hinweis:
Was genau in einem elektrischen Gerät passiert, wenn der Strom „fließt" und der Stromzähler einen Verbrauch anzeigt, erfährst du im Angebot „**Was ist Volt?**" (S. 39/40).

Stromverbrauch

Nimm das Arbeitsblatt mit nach Hause, und löse dort die Aufgaben. Lasse dir dabei am besten von einem Erwachsenen helfen. Finde heraus, wie viel Kilowattstunden ihr an einem Tag (24 h) in eurer Familie verbraucht.

Auf dem Stromzähler kannst du ablesen, wie viel Strom in einem Haus verbraucht wurde. Berechnet wird der Stromverbrauch in **Kilowattstunden** (abgekürzt wird es **kW/h**).
Die Zahl, die der Stromzähler anzeigt, gibt die verbrauchten Kilowattstunden an.

Der übliche Begriff „Stromverbrauch" kann ein wenig in die Irre führen, denn Strom verschwindet nicht, nachdem wir ihn genutzt haben. Eigentlich ist die Menge der Elektronen gemeint, die durch Kabel und elektrische Geräte fließen.
Mehr dazu erfährst du im Angebot **„Was ist Volt?"** (S. 39/40).

So geht es:

1. Schreibe den Zählerstand und die Ablesezeit auf.
2. Wiederhole das Ganze am nächsten Tag um die gleiche Zeit.
3. Rechne nun den Unterschied zwischen den Zahlen aus. Jetzt weißt du, wie viele Kilowattstunden ihr in den letzten 24 Stunden verbraucht habt.
4. Schreibe auf, welche elektrischen Geräte ihr am häufigsten während des Tagesablaufs gebraucht.
5. Wiederhole das Ganze noch an 3 oder 4 anderen Tagen der Woche (ein Tag davon sollte der Sonntag sein). An welchem Tag habt ihr den höchsten, an welchem Tag den niedrigsten Stromverbrauch gehabt? Hast du eine Erklärung dafür?
6. Überlege einmal, wo und wie ihr überall Strom sparen könnt.

Mit einer Kilowattstunde kannst du ein Mittagessen für 4 Personen kochen.

Mit einer Kilowattstunde kannst du 7 Stunden fernsehen.

Woher kommt der Strom?

Lies den Text.

Beantworte folgende Fragen:
1. Warum schonen erneuerbare Energien die Umwelt?
2. Warum ist es sinnvoll, Strom zu sparen?
3. Überlege, was du tun kannst, um Strom zu sparen.

Ein großer Teil unseres Stroms kommt aus **Kohlekraftwerken**, die zur Stromerzeugung Kohle verbrennen. Kohle gibt es überall auf der Welt. Sie ist ein preiswerter Brennstoff, hat aber auch Nachteile. Zum Beispiel entstehen giftige Abgase, wenn die Kohle im Kraftwerk verbrannt wird. Diese Abgase müssen mit hohem Aufwand herausgefiltert werden, damit sie unsere Luft nicht verschmutzen. Das Treibhausgas Kohlendioxid, das zur Erwärmung unseres Klimas beiträgt, wird bisher nicht herausgefiltert. Außerdem sind die Kohlevorräte begrenzt.
Strom wird auch in **Kernkraftwerken** produziert. Dort erzeugt man Strom mit Hilfe von Atomkernen. Die Atomkerne werden gespalten, wobei große Hitze entsteht. Mit der Hitze wird Wasser verdampft, und damit werden Turbinen angetrieben, die dann Strom erzeugen.
Von den gespaltenen Atomen in den Kernkraftwerken gehen für Menschen, Tiere und Pflanzen gefährliche, radioaktive Strahlen aus. Aus Sicherheitsgründen ist deshalb der Reaktor des Kernkraftwerks von einer meterdicken Betonwand umgeben, um die Umwelt vor radioaktiven Strahlen zu schützen.
Auch der Atommüll, der bei der Kernspaltung entsteht, ist radioaktiv und muss in tiefen Schächten jahrhundertelang sicher gelagert werden, damit die Umwelt nicht verseucht wird. Bei Kernkraftwerken muss also besonders auf Sicherheit geachtet werden. In Deutschland wird die Sicherheit regelmäßig überprüft.
Eine schlimme Explosion hat sich 1986 in Tschernobyl (Ukraine) ereignet. Viel radioaktive Strahlung wurde frei. An den Folgen starben viele Menschen. Die Einwohner mussten in einem Umkreis von 30 km wegen der radioaktiven Strahlung ihre Häuser verlassen. Bis heute durften die Menschen nicht in ihre Häuser zurückkehren, da die Gegend auch heute noch radioaktiv verstrahlt und gefährlich für die Gesundheit der Menschen ist und bleiben wird.
Strom kann man auch aus natürlichen, **erneuerbaren Energiequellen**, wie Sonne, Wasser und Wind, gewinnen. Ihre Energie ist unerschöpflich, kann aber noch nicht in den großen Mengen und noch nicht so zuverlässig genutzt werden, wie es für ein Land wie Deutschland nötig ist.
Wir selbst sind verantwortlich für die Umwelt und sollten daher darauf achten, so wenig Strom wie möglich zu verbrauchen, um Energie zu sparen. Denn wenn wir weniger Strom verbrauchen, muss zum Beispiel auch weniger Kohle verbrannt werden. Die Kohlevorräte in der Erde werden geschont, und die Luft bleibt sauberer. Auch in den Kernkraftwerken fällt dann nicht so viel gefährlicher Atommüll an.

Dieses Zeichen warnt vor radioaktiven Strahlen

So sparst du Strom

Hier bekommst du hilfreiche Stromspartipps.
Schneide die einzelnen Kärtchen aus, und ordne immer passend Bild, Text und den Stromspartipp zusammen.
Klebe anschließend alles sortiert in dein Heft.

Normale Glühlampen und Halogenlampen verbrauchen sehr viel mehr Strom als Energiesparlampen.

Die Heizung verbraucht sehr viel Strom, um den Raum zu erwärmen.

Kühlschrank und Gefriertruhe benötigen sehr viel Strom, um kalt zu bleiben.

Stromspartipp
Räume mehrmals täglich kurz und gründlich lüften. Dauerlüften vergeudet Strom. Räume nicht überheizen.

Um warmes Wasser zu erzeugen, wird viel Strom benötigt.

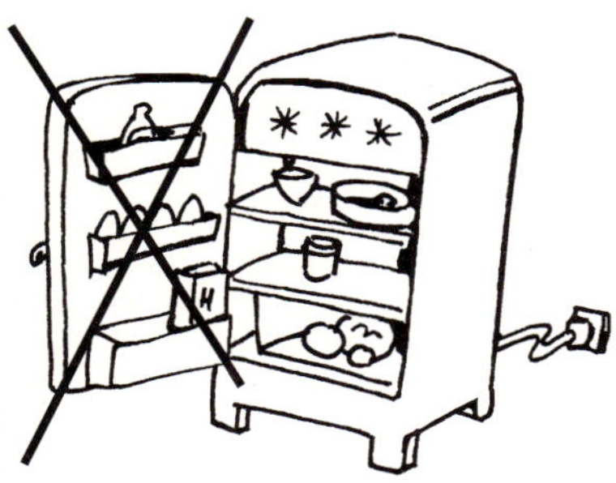

Brennt in einem leeren Raum Licht, so ist das unnötig.

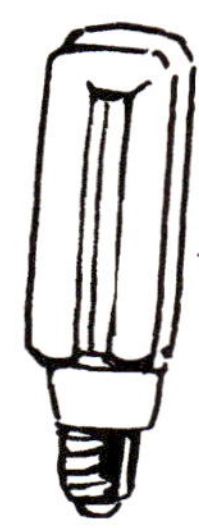

Energiesparlampe

Stromspartipp
Das Licht beim Verlassen eines Raumes ausschalten.

Stromspartipp
Möglichst häufig Energiesparlampen benutzen.

Stromspartipps
Hände möglichst mit kaltem Wasser waschen. Häufiger duschen als baden. Beim Zähneputzen das Wasser abdrehen.

Stromspartipp
Die Kühlschranktür oder Gefriertruhe immer nur kurz öffnen. Überlege dir möglichst vorher, was du herausnehmen möchtest.

Die Batterie

Lies den Text, und beschrifte die Zeichnung. Schreibe dazu die dick gedruckten Begriffe an die richtigen Stellen im Bild.

Viele Geräte können mit Batterien betrieben werden. Das hat den Vorteil, dass wir diese Geräte (wie zum Beispiel Discman, Taschenlampe ...) leicht transportieren und mitnehmen können. Die Batterien liefern ausreichend Strom.

Im Inneren einer Batterie befinden sich verschiedene **chemische Stoffe**. Diese chemischen Stoffe reagieren aufeinander. Allein durch diese chemische Reaktion liefert die Batterie elektrischen Strom. Jede Batterie hat zwei Pole, einen **Plus-** und einen **Minuspol**. Der Strom fließt an einem Pol aus der Batterie heraus und kommt durch den anderen Pol wieder herein. Auf Batterien findest du immer ein Plus- (+) und ein Minuszeichen (–). So kannst du erkennen, auf welcher Seite der Plus- und auf welcher der Minuspol ist.

Übrigens: Im Batteriefach von elektrischen Geräten zeigen dir Plus- und Minuszeichen, wie herum du die Batterien einlegen musst. Beachtest du es nicht, funktioniert das Gerät nicht.

Die chemischen Stoffe in der Batterie reagieren irgendwann nicht mehr aufeinander. Die Batterie produziert dann keinen Strom mehr. Wir sagen dann, dass sie leer ist, obwohl sie es genau genommen ja gar nicht ist.
Da die chemischen Stoffe ungesund für den Menschen und auch schädlich für die Umwelt sind, haben Batterien eine **dichte Metallhülle**.
Du solltest diese Hülle nie öffnen und die Batterie nie auseinander nehmen. Die chemischen Stoffe schaden deiner Haut.

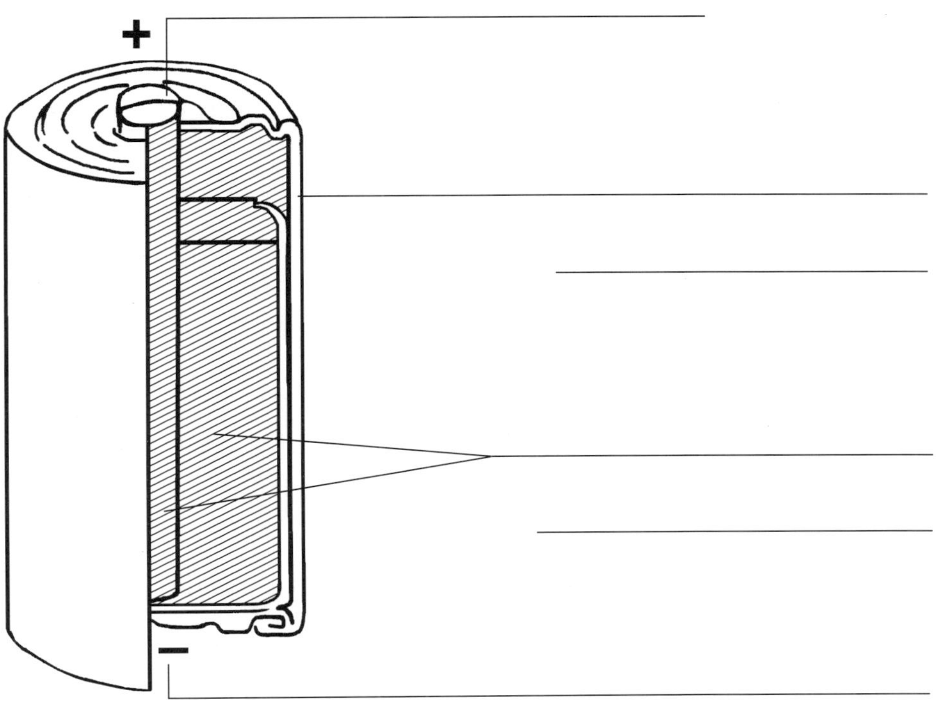

Die Batterierücknahme

Stelle dir vor, du müsstest jemandem erklären, wie die Batterierücknahme und -verwertung funktioniert. Schreibe ganze Sätze in dein Heft:

1. Alte Batterien sollten in den Haushalten getrennt gesammelt werden. Sie gehören nicht in den Hausmüll.
2. ...

Erkundige dich, wo in eurer Nähe Sammelbehälter für Batterien zu finden sind. **Übrigens:** Überall dort, wo Batterien verkauft werden, müssen solche Rücknahmebehälter stehen. So steht es im Gesetz!

Anstelle von Batterien nutzen wir auch häufig Akkumulatoren (Akkus). Informiere dich, was Batterien und Akkus unterscheidet. Finde auch heraus, ob Akkus ebenfalls in den Sammelbehälter geworfen werden müssen.

Batterien gehören nicht in den Hausmüll. Sie enthalten giftige Stoffe und sind ein Gefahr für die Umwelt. Du bist deswegen verpflichtet, sie getrennt zu entsorgen.
In der Zeichnung siehst du, was mit zurückgegeben Batterien geschieht.

1. Leere Batterien zu Hause sammeln
2. Kostenlose Rücknahme der leeren Batterien in Sammelbehältern bei Sammelstellen (Supermärkte ...)
3. Abholung der leeren Batterien
4. Sortieranlage: Automatisches Sortieren nach Batterien, die verwertbare und nicht verwertbare Metalle enthalten
5. Transport der brauchbaren Batterien zur Verwertungsanlage
6. Verwertungsanlage: Eisen, Zink und andere Metalle werden aus den Altbatterien herausgeholt. Beseitigung von unbrauchbarem Restmüll.
7. Transport der gewonnenen Metalle zu Fabriken.
8. Fabrik: Aus den gewonnenen Metallen werden neue Waren (zum Beispiel verzinkte Gießkannen/Eisenrohre) hergestellt.

Batteriemüll

Rechne die Aufgaben der Reihe nach in deinem Heft.
Achtung: Du benötigst manchmal das Ergebnis der vorhergehenden Aufgabe zum Weiterrechnen.

So wie dieses Kind denken viele Menschen, aber sie irren, denn die Menge macht's.

Petra Husemann	9	Batterien
Arnd Ziesche	12	Batterien
Elena Kukanos	2	Batterien
Birgit Hoemke	11	Batterien
Mohammed Üz	6	Batterien
Holger Klimsch	10	Batterien
Sarah Leinen	4	Batterien
Rene Krüger	19	Batterien
Carsten Müller	28	Batterien
Georgio Silvano	9	Batterien

1. Die Liste oben zeigt dir, wie viele Batterien verschiedene Leute in einem Jahr weggeworfen haben. Errechne für dieses Beispiel, wie viele Batterien pro Jahr durchschnittlich weggeworfen wurden. Zähle dazu alle Batterien zusammen, und teile sie durch die Anzahl der Personen.

2. In Deutschland leben ungefähr 80 Millionen Menschen. Wenn jeder sich so verhalten würde, wie in dem Beispiel, wie viele Batterien würden dann im Schnitt von allen zusammen in einem Jahr weggeworfen?

3. Wie viele Einwohner gibt es in eurer Stadt? Erkundige dich, und rechne aus, wie viele Batterien bei euch in einem Jahr weggeworfen würden, wenn der Durchschnittswert auf euch zuträfe.

4. Im Jahr 2005 wurden in Deutschland etwa 12 000 Tonnen (t) Altbatterien zu den Sortierbetrieben gebracht. Damit du dir mehr unter diesem Gewicht vorstellen kannst, rechne aus, wie viele Elefanten zusammmen genau so viel wiegen. Ein Elefant wiegt etwa 6 Tonnen (t). Wenn du meinst, das seien schon genug Elefanten, dann bedenke Folgendes: Zur gleichen Zeit gab es fast 35 000 Tonnen (t) neue Batterien zu kaufen!*

* Quelle: www.grs.batterien.de

Schlaue Batterien

Mache dir klar, wie viele Batterien du anstelle eines Akkupaares verbrauchen würdest. Rechne dazu die Aufgaben der Reihe nach. Schreibe sie in dein Rechenheft.
Beachte: Du benötigst jeweils das vorhergehende Ergebnis.

Bestimmt hast du schon einmal abends mit einer Taschenlampe unter der Bettdecke gelesen. Das ist unheimlich gemütlich und kuschelig.

Allerdings solltest du darüber nachdenken, ob du anstelle von normalen Batterien lieber Akkumulatoren (Akkus) benutzt. Akkus musst du nämlich nicht so häufig wegwerfen, sondern du kannst sie mit einem Ladegerät an der Steckdose wieder aufladen.
Ein **Paar Akkus hält ungefähr 7 Stunden**, bis es leer ist, ein **Paar Batterien ungefähr 10 Stunden**.
Erst nachdem du die **Akkus 750-mal aufgeladen** hast, sind sie so unbrauchbar, dass du sie entsorgen musst.
Die Batterien aber müssen schon nach einmaliger Entleerung in den Sondermüll.

1. Wie viele Stunden hält ein Akkupaar insgesamt, bis du es wegwerfen musst?

2. Wie viele Paare Batterien würdest du in der gleichen Zeit verbrauchen? Wie viele einzelne Batterien sind das?

3. Rechne aus, wie viel Euro du für die Batterien insgesamt bezahlen musst, wenn zwei Stück 1 Euro kosten.
   Zwei Akkus kosten zusammen 3,20 Euro.

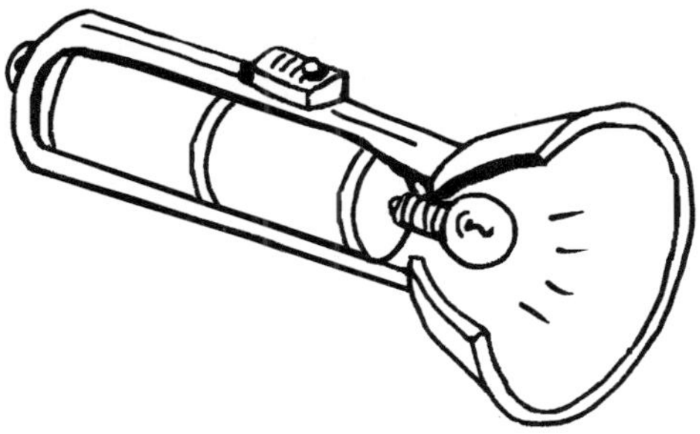

Glühlampen

Nicht alle Lampen sind mit gleichen Glühlampen ausgestattet. Überlege, ob du unterschiedliche Arten von Glühlampen kennst.

Schaue im Klassenraum und zu Hause nach, welche Arten von Glühlampen du findest. Male verschiedene in dein Heft. **Vorsicht**: Baue keine Geräte allein auseinander, um an die Glühlampe zu gelangen.

Wenn du kannst, bringe einige Glühlampen in die Schule mit. Es ist egal, ob sie funktionieren oder nicht.
Aber **Achtung**: Frage zu Hause nach, ob deine Lampen Leuchtstoffröhren sind. Denn die sind zu gefährlich, da im Inneren giftiges Material verarbeitet ist. Lasse sie deswegen besser zu Hause. Energiesparlampen musst du ganz vorsichtig transportieren.

Stellt die mitgebrachten Glühlampen im Klassenmuseum aus.

Suche dir einen Partner. Sprecht darüber, worin sich die Glühlampen eures Museums unterscheiden. Guckt auch, ob ihr Gemeinsamkeiten feststellen könnt.

Erleuchtung (1)

Eine Glühlampe gibt Licht, aber was genau leuchtet an ihr und wieso? Finde es mit der Anleitung unten heraus.

Vergleiche bei der echten Glühlampe den Glühfaden mit dem Zuleitungsdraht. Was fällt dir auf? Ergänze unten die zwei Sätze.

Du brauchst:

✦ 1 dunkle Sonnenbrille
✦ 1 Lampe mit durchsichtiger Glühlampe
✦ den Infotext S. 38

So geht es:

1. Setze zuerst die Sonnenbrille auf.
2. Schalte anschließend die Lampe ein, und schaue mit der Sonnenbrille in die Glühlampe.
3. Beobachte genau, welcher Teil der Glühlampe das Licht gibt.
4. Male im Bild diesen Teil gelb an.

Der Glühfaden ist ______________________ der Zuleitungsdraht.

(dicker als/dünner als/genauso dick wie)

Außerdem ist er wie eine ____________________ geformt.

(Welle/gerade Linie/Spirale)

Erleuchtung (2)

Lies den Infotext. Suche dir anschließend einen Partner.
Erkläre ihm:

1. Wieso glüht der Glühdraht?
2. Weshalb darf keine Luft in der Glühlampe sein?
3. Wer war Thomas Alva Edison?

Schau doch mal in Büchern unter dem Namen Thomas Alva Edison nach, um mehr über ihn und seine Erfindungen zu erfahren.

Nun hast du dir eine Glühlampe genau angesehen und sicher auch entdeckt, dass allein der dünne Glühdraht Licht spendet.
Aber wieso leuchtet nur er?
Der Strom fließt doch auch durch den Zuleitungsdraht, der aber nicht leuchtet.
Stelle es dir so vor: Wenn Strom fließt, wandern Teilchen durch den Draht. In der Glühlampe bewegen sie sich zuerst durch den Zuleitungsdraht. Er ist recht dick, und die Teilchen passen bequem hindurch. Schwierig wird es erst, wenn die Teilchen am Glühdraht ankommen. Wie du gesehen hast, ist er viel dünner, aber auch hier wollen alle Teilchen schnell hindurch. Du kannst es dir so wie nach der Pause in eurer Schule vorstellen. Alle Kinder können noch recht bequem ins Treppenhaus hineingehen. Wenn aber eine enge Tür kommt, quetschen sich alle Kinder hindurch. Sie reiben zum Beispiel mit den Schultern und Beinen am Türrahmen vorbei. An diesen Körperstellen kann es ganz schön heiß werden.

So ist es mit den Teilchen auch, wenn sie sich durch den Glühdraht quetschen müssen. Durch das Reiben entsteht Hitze, der dünne Faden beginnt zu glühen und spendet Licht. Sind die Teilchen am Ende des Glühfadens angelangt, wandern sie erneut in den dickeren Zuleitungsdraht. Hier haben sie wieder genug Platz.
Was, vermutest du, ist in einer Glühlampe noch enthalten? Viel Luft?
Man könnte es denken, aber so ist es nicht. Die Luft wird aus dem Glaskolben herausgesaugt, denn in der Luft ist Sauerstoff enthalten. Der Sauerstoff würde bewirken, dass der Glühfaden schnell durchglüht.
Anstelle des Sauerstoffs wird ein Gas in die Glühlampe geleitet. Mit diesem Gas brennt der Glühfaden nun nicht so leicht durch, er glüht einfach nur.
Eine Glühlampe, die unseren heutigen Glühlampen ähnlich war, wurde übrigens schon 1879 erfunden. Der Erfinder hieß Thomas Alva Edison.
Edison baute auch den praktischen Schraubsockel der Glühlampe, einige Schalter und noch viele andere Dinge.

Was ist Volt? (1)

Lies den Infotext.

Führe dann den Versuch auf Seite 40 durch.

Was in der Batterie und in der Glühlampe geschieht, wenn elektrischer Strom fließt, kannst du nicht sehen. Du kannst dir den Strom aber wie Wasser in einer Leitung vorstellen. Der Strom besteht aus vielen unsichtbaren Teilchen, den sogenannten **Elektronen**. Diese Elektronen fließen jedoch nur, wenn Druck auf sie ausgeübt wird. Auch das Wasser kann nur fließen, wenn Druck, wie z.B. durch eine Pumpe, auf es ausgeübt wird. Den Druck auf die Elektronen übt zum Beispiel die Batterie aus. Sie setzt den Strom, das heißt die Elektronen, in Bewegung, indem sie an einem Pol „zieht" und an dem anderen Pol „schiebt". Wenn die Elektronen so durch die Glühlampe und die Batterie fließen, nennt man das **elektrischer Strom**. Strom kann jedoch nur in einem geschlossenen Kreislauf fließen. Man sagt dazu **geschlossener Stromkreis**. Ist eine Lücke in diesem Kreislauf, kann auch kein Strom mehr fließen.

Auf Glühlampen und Batterien steht eine Zahl mit einem ‚V' dahinter. Das ‚V' ist eine Abkürzung für **Volt** (gesprochen wird es ‚wollt'). Der Druck, den die Batterie ausübt und mit dem die Teilchen dann durch den Draht flitzen, wird als Volt bezeichnet.
Bei Glühlampen kannst du an der Voltzahl erkennen, wie viel Druck sie vertragen, ohne dass der dünne Glühfaden im Inneren der Glühlampe zerreißt.

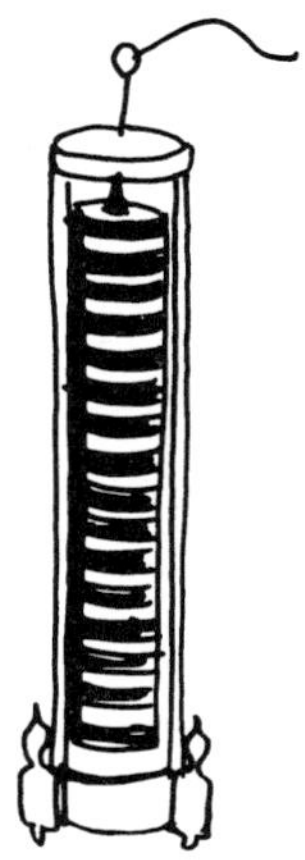

Die erste einfache Batterie hat übrigens ein Professor aus Italien schon im Jahre 1799 erfunden. Er hieß Alexandro Volta. Zu seinen Ehren sprechen wir heute von ‚Volt'. Im Internet unter **www.physikfuerkids.de/historic/rolgal/index.html** findest du weitere Informationen über Alexandro Volta.

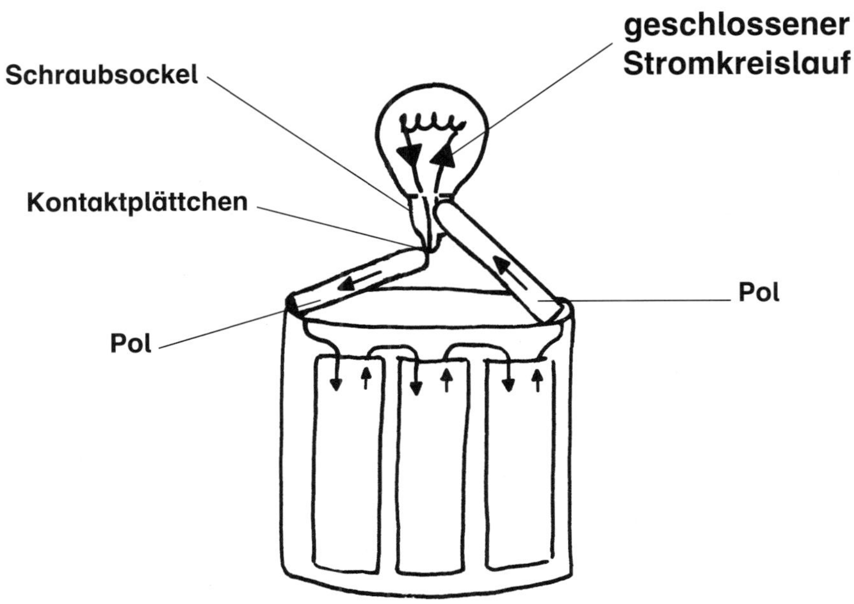

Was ist Volt? (2)

- Nimm dir verschiedene Batterien und Glühlampen, und suche nach der Voltangabe.
- Zeichne einige Arten von Batterien und Glühlampen in dein Heft, und trage die Voltzahl dazu ein.
- Erkundige dich, wie viel Volt Strom aus der Steckdose hat.

Aber Achtung: Keine Versuche mit Strom aus der Steckdose. Lebensgefahr!!!

- Probiert einmal in der Gruppe aus, welche Glühbirne am besten zu einer Flachbatterie mit 4,5 Volt (V) passt.

Das braucht ihr:

✦ 4 Glühlampen
(1,5 V; 4,5 V; 12 V; 230 V)

✦ 1 Flachbatterie (4,5 V)

So geht es :

1. Haltet die Glühlampen nacheinander (wie auf dem Bild) an die Batterie und vergleicht.
2. Lasst die 1,5 Volt Glühlampe länger leuchten (ungefähr 2 Minuten). Schaut sie euch anschließend genau an. Danach haltet sie ein zweites Mal längere Zeit an die Batterie. Was geschieht?
3. Besprecht, welche Glühlampe am besten zu der 4,5 Volt Batterie passt. Schreibt eure Beobachtungen auf.

Der Schalter

Da Schalter so praktisch sind, nutzt du sie täglich an vielen Stellen. Schätze, wie viele Schalter es in deinem Zimmer gibt. Schreibe die Zahl auf.

Überprüfe deine Schätzung zu Hause. Beachte auch kleine Schalter an Spielzeugen und Ähnlichem.

Unten siehst du verschiedene Schalterarten. Welche kannst du in der Klasse, im Schulgebäude und zu Hause finden? Schreibe in dein Heft, welche Schalterart du wo gefunden hast.

Ist dir schon einmal aufgefallen, wie praktisch Schalter sind? Du hättest ohne sie sehr viel mehr Arbeit, um ein elektrisches Gerät aus- oder anzuschalten. Denke nur einmal an eine Lampe. Jedesmal müsstest du einen Draht lösen, einen Stecker herausziehen oder sogar die Glühlampe herausdrehen, wenn du die Lampe ausschalten möchtest.

In eurer Klasse hängen außerdem die Lampen viel zu hoch. Dort könnten sie ohne einen Schalter gar nicht hängen. Ihr müsstet jedesmal eine Leiter zur Hand haben. Und das wäre nicht nur viel Arbeit, es ist auch gefährlich! Die Glühlampe ist heiß, und Strom aus der Steckdose ist lebensgefährlich. Ein Schalter ist daher eine große Hilfe.

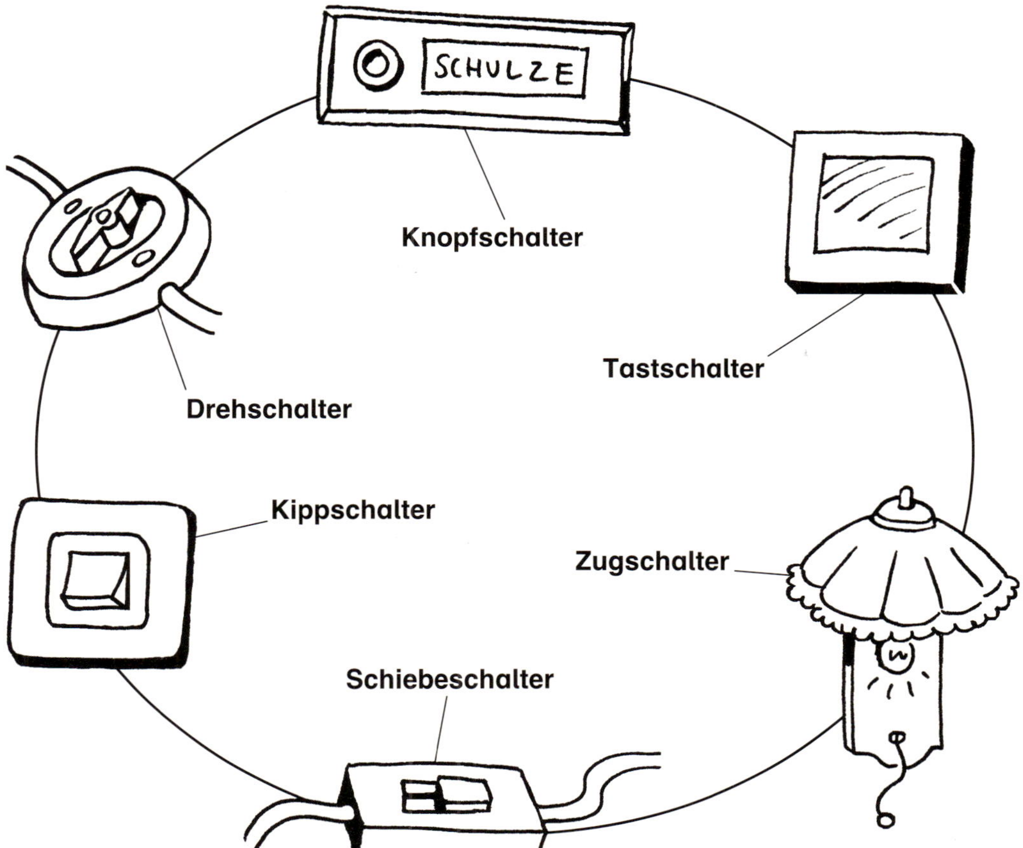

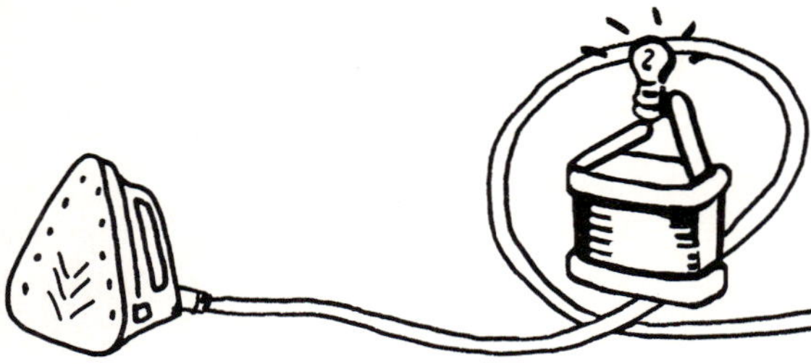

Tüftelaufgabe 1

Das braucht ihr:

✦ 1 Flachbatterie
✦ 1 kleine Glühlampe

Hilfe gibt es auf der **Tippkarte** (S. 44a).

Eure Aufgabe:

1. Bringt die Glühlampe mit der Flachbatterie zum Leuchten.
2. Besprecht, wie die Glühlampe an die Batterie gehalten werden muss. Wo genau müssen die Pole die Glühlampe berühren?
3. Zeichnet eure Lösung in euer Heft.
4. Umkreist die Stellen, an denen Glühlampe und Batterie sich berühren müssen.
5. Wenn ihr wissen möchtet, ob ihr es richtig gemacht habt, schaut auf die **Lösungskarte** (S. 44b).

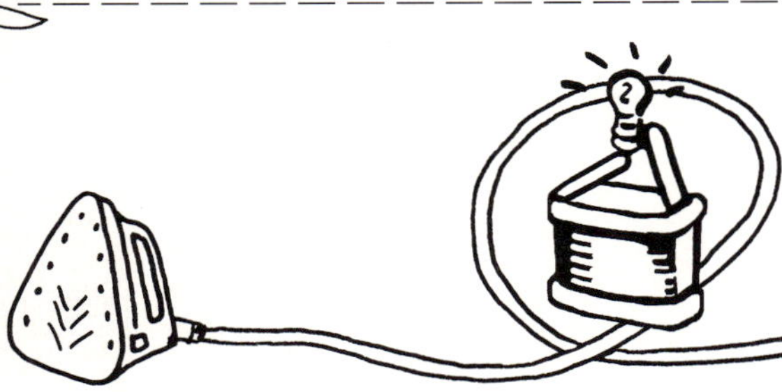

Tüftelaufgabe 2

Das braucht ihr:

✦ 1 Flachbatterie
✦ 1 kleine Glühlampe
✦ 1 Fassung
✦ 2 Drähte
✦ 1 Schraubendreher

Hilfe bietet euch die **Tippkarte** (S. 45a).

Eure Aufgabe:

1. Bringt die Glühlampe mit den genannten Materialien zum Leuchten.
2. Überlegt, welchen Weg der Strom nimmt.
3. Zeichnet in euer Heft, wie ihr das Material zusammengebaut habt. Malt den Weg des Stroms, also den Stromkreis, rot ein.
4. Eure Lösung könnt ihr mit der **Lösungskarte** (S. 45b) vergleichen.

Tipp – Tüftelaufgabe 1

Probiert es einmal so: Welche der Glühlampen leuchten?

Lösung – Tüftelaufgabe 1

Die Glühlampe muss mit ihrem **Schraubsockel** und dem **Kontaktplättchen** je einen **Pol** der Batterie berühren.
Nur so **fließt** der **Strom im Kreis,** und die Glühlampe leuchtet.

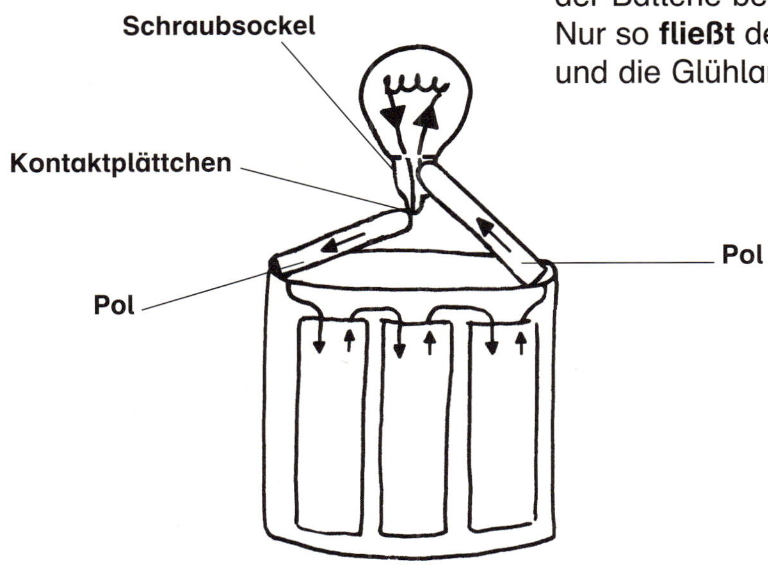

Tipp – Tüftelaufgabe 2

Probiert einmal die abgebildeten Möglichkeiten aus.
Was müsst ihr beachten, damit die Glühlampe leuchtet?
Wo müssen die Drähte angeschlossen werden?

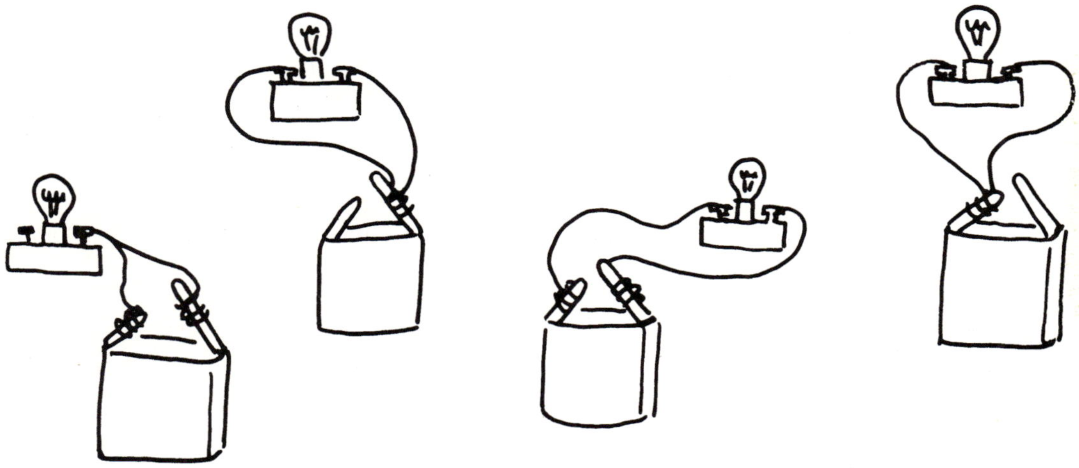

Lösung – Tüftelaufgabe 2

Ihr habt einen **geschlossenen Stromkreis** aufgebaut.
Der Strom fließt vom Minuspol der Batterie durch den Draht, die Fassung, die Glühlampe und dann durch den zweiten Draht, durch den Pluspol auf der anderen Seite wieder in die Batterie zurück.
Der Strom fließt also im Kreis.

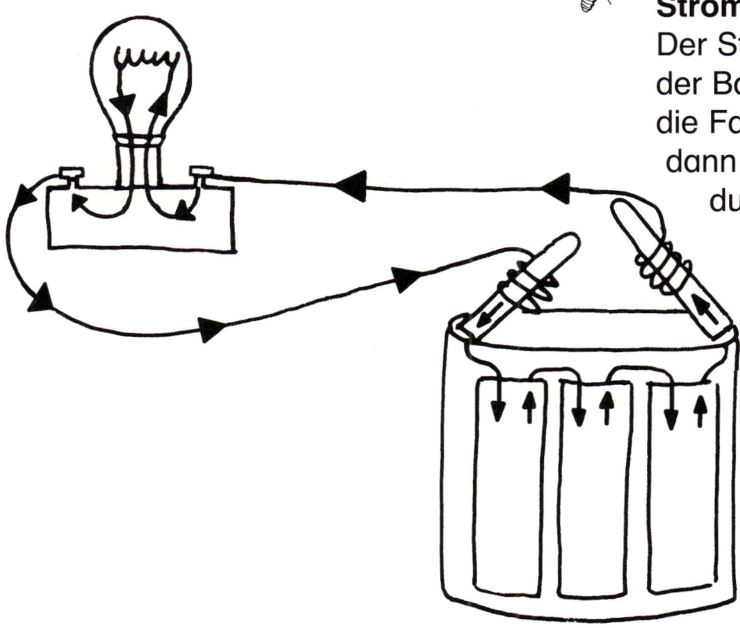

Tüftelaufgabe 3

Das braucht ihr:

✦ 1 Batterie (Monozelle)
✦ 1 Draht
✦ 1 kleine Glühlampe

Hilfe gibt es auf der **Tippkarte** (S. 47 a).

Eure Aufgabe:

1. Bringt die Glühlampe mit dem genannten Material zum Leuchten.
2. Besprecht, was zu beachten ist, damit die Glühlampe leuchtet. Wo muss der Draht die Glühlampe und die Batterie berühren?
3. Zeichnet in euer Heft, wie ihr das Material zusammengebaut habt.
4. Überlegt, welchen Weg der Strom hier nimmt. Zeichnet den Weg des Stroms in eurer Zeichnung rot ein.
5. Eure Lösung könnt ihr mit der **Lösungskarte** (S. 47 b) vergleichen.

Tüftelaufgabe 4

Das braucht ihr:

✦ 1 Flachbatterie
✦ 3 Drähte
✦ 1 Schraubendreher
✦ 1 Schalter
✦ 1 kleine Glühlampe
✦ 1 Fassung

Hilfe gibt es auf der **Tippkarte** (S. 48 a).

Eure Aufgabe:

1. Bringt die Glühlampe mit dem genannten Material zum Leuchten. **Achtung**: Das Licht muss mit dem Schalter an und aus zu machen sein!
2. Besprecht, wie der Schalter stehen muss, damit die Glühlampe leuchtet.
3. Zeichnet in euer Heft, wie ihr das Material zusammengebaut habt. Malt den Weg des Stroms rot ein.
4. Eure Zeichnung könnt ihr mit der **Lösungskarte** (S. 48 b) vergleichen.

Tipp – Tüftelaufgabe 3

Probiert einmal diese Möglichkeiten aus:

Lösung – Tüftelaufgabe 3

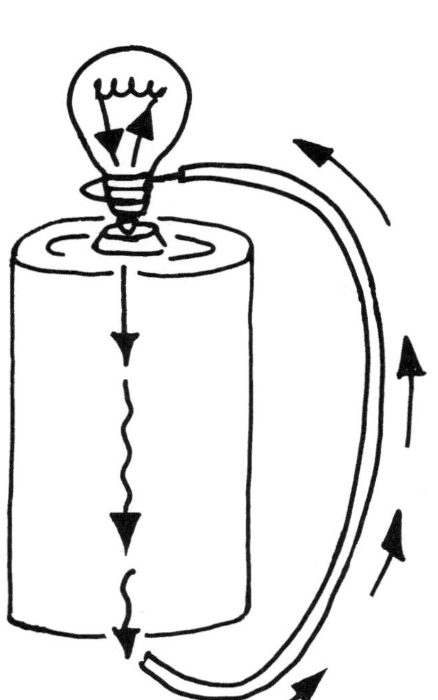

Auch hier ist wichtig, dass der Strom im Kreis fließen kann.
Bei dieser Lösung fließt der Strom vom Minuspol der Batterie durch den Draht und die Glühlampe zum Pluspol.

Hinweis: Verbindet niemals den Pluspol mit dem Minuspol der Batterie direkt mit einem Draht. Dann gibt es nämlich einen Kurzschluss in der Batterie. Die Batterie wird dann ganz heiß und ist sofort leer.

Tipp – Tüftelaufgabe 4

Probiert einmal diese Möglichkeiten aus:

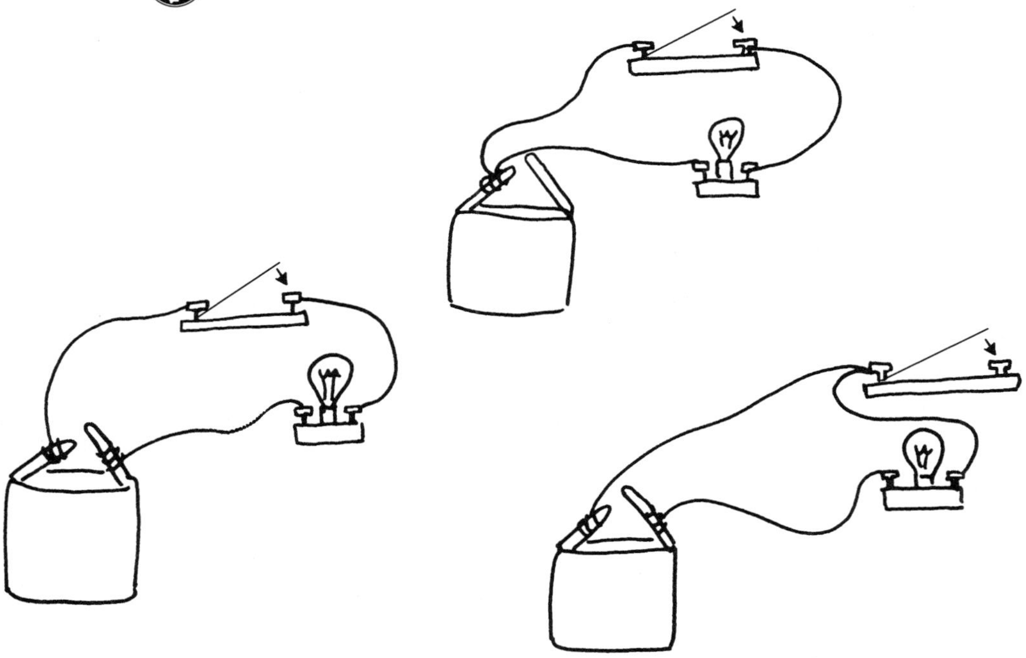

Lösung – Tüftelaufgabe 4

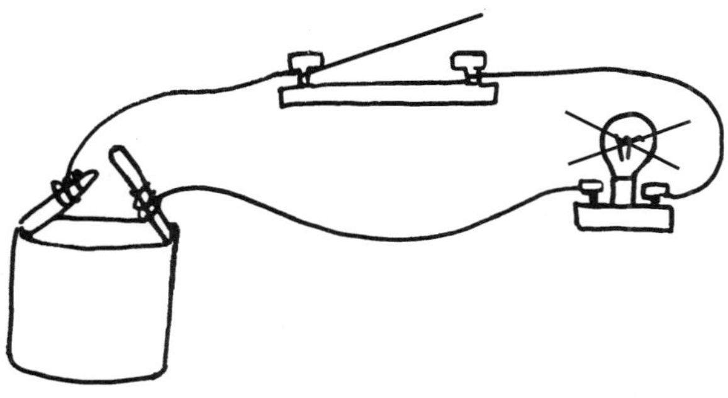

Wenn der Schalter hoch steht, entsteht eine Lücke im Stromkreis, und so kann der Strom nicht fließen. Die Lampe bleibt aus.
Drückst du den Schalter herunter, schließt du die Lücke. Der Strom kann nun im Kreis von der Batterie durch den Schalter und die Glühlampe zurück zur Batterie fließen.

Merke: Strom kann nur fließen, wenn ein **Stromkreis ohne Lücke** vorhanden ist.

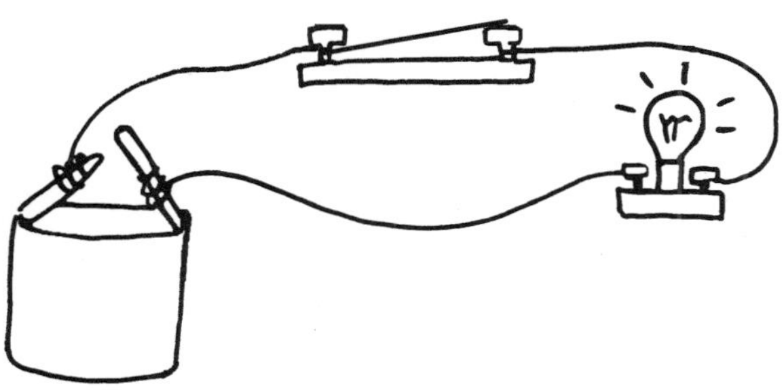

Tüftelaufgabe 5

Das braucht ihr:

- ✦ 1 Flachbatterie
- ✦ 2 Fassungen
- ✦ 3 Drähte
- ✦ 1 Schraubendreher
- ✦ 2 kleine Glühlampen

Hilfe gibt es auf **Tippkarte** (S. 50 a).

Eure Aufgabe:

1. Bringt mit dem genannten Material beide Glühlampen gleichzeitig zum Leuchten.
2. Zeichnet eure Lösung in euer Heft.
3. Vermutet nun, was geschieht, wenn ihr eine Glühlampe aus der Fassung dreht. Schreibt eure Vermutung auf.
4. Überprüft eure Vermutung, indem ihr eine Glühlampe aus der Fassung dreht. Was geschieht? Überlegt, warum. Schreibt euer Ergebnis auf.
5. Eure Lösung könnt ihr mit der **Lösungskarte** (S. 50 b) vergleichen.

Was könnt ihr entdecken, wenn ihr eure Lösung mit der von **Tüftelaufgabe 6** vergleicht? Geschieht das gleiche?

Tipp – Tüftelaufgabe 5

Versucht, die zwei Fassungen in einer Reihe zu verbinden.

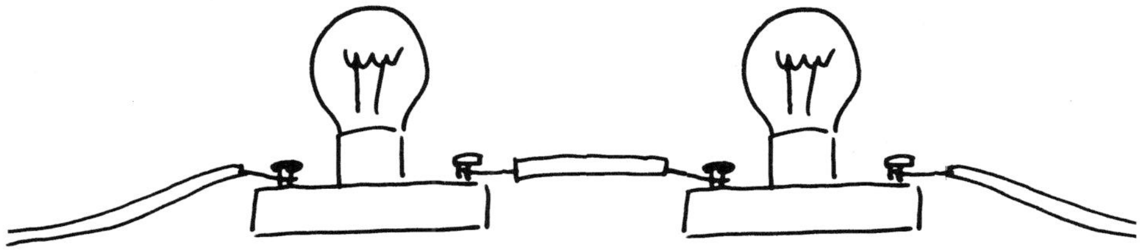

Lösung – Tüftelaufgabe 5

Bei dieser Lösung ist ein Stromkreis hergestellt. Beide Glühlampen leuchten. Verbindet ihr zwei oder mehrere Glühlampen so miteinander, spricht man von einer **Reihenschaltung**.

Drehst du eine Glühlampe heraus, entsteht eine Lücke im Stromkreis. Der Strom kann nicht weiter fließen, und so leuchtet keine der Glühlampen.

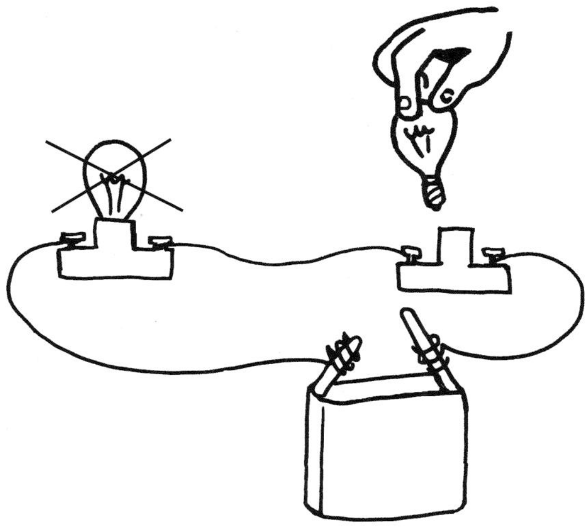

Tüftelaufgabe 6

Das braucht ihr:

- ✦ 1 Flachbatterie
- ✦ 2 Fassungen
- ✦ 4 Drähte
- ✦ 1 Schraubendreher
- ✦ 2 kleine Glühlampen

Die **Tippkarte** (S. 52 a) hilft bei Schwierigkeiten weiter.

Eure Aufgabe:

1. Bringt mit dem genannten Material beide Glühlampen gleichzeitig zum Leuchten. Benutzt dabei alle 4 Drähte.
2. Zeichnet eure Lösung in euer Heft.
3. Vermutet nun, was geschieht, wenn ihr eine Glühlampe aus der Fassung dreht. Schreibt eure Vermutung auf.
4. Probiert es dann aus, indem ihr eine Glühlampe aus ihrer Fassung dreht. Was passiert? Warum? Welchen Weg nimmt der Strom hier?
5. Vergleicht eure Lösung mit der **Lösungskarte** (S. 52 b).

Falls ihr **Tüftelaufgabe 5** noch nicht gemacht habt, dann macht sie jetzt. Vergleicht eure Beobachtung mit dem Ergebnis aus dieser Aufgabe.

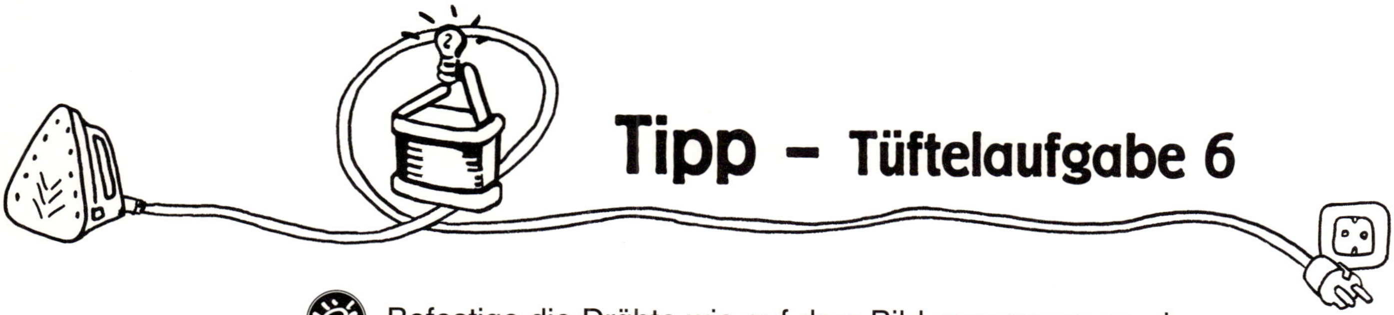

Tipp – Tüftelaufgabe 6

Befestige die Drähte wie auf dem Bild zusammen an einer Fassung. An jeder Seite der Fassung berühren sich dann zwei Drähte.

Lösung – Tüftelaufgabe 6

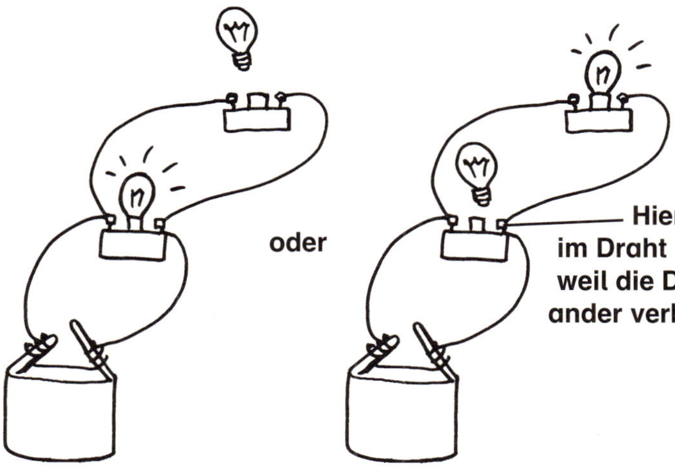

Hier fließt der Strom einfach direkt im Draht zur oberen Glühlampe weiter, weil die Drähte an der Fassung miteinander verbunden sind.

So entsteht eine sogenannte **Parallelschaltung**. Dreht ihr hier eine Glühlampe heraus, leuchtet die andere Glühlampe trotzdem weiter.

Das funktioniert, da in beiden Fällen ein Stromkreis ohne Lücke bestehen bleibt. So findet der Strom einen Weg zurück zur Batterie.

Tipp – Tüftelaufgabe 7

Bei welchem Versuch könnt ihr erkennen, ob Strom fließt oder nicht?

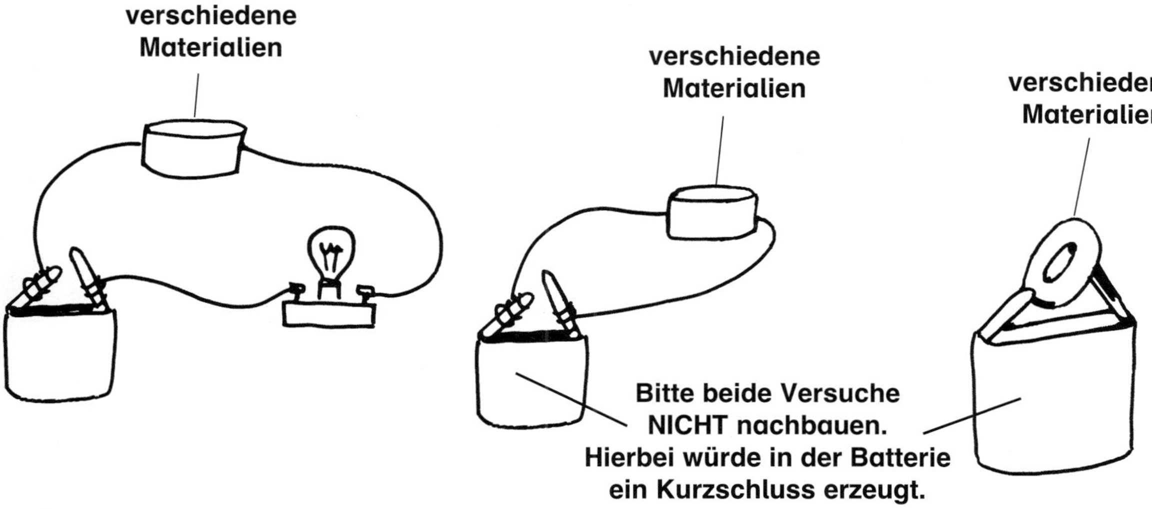

Lösung – Tüftelaufgabe 7

Warum haben Kabel außen eine Plastikhülle und sind innen aus Metall?

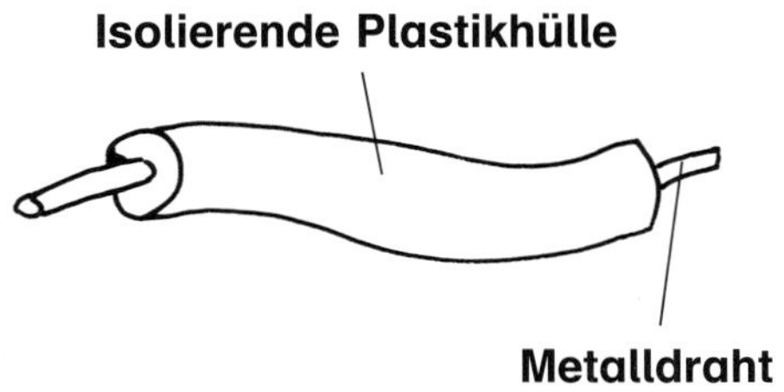

Der innere Teil eines Kabels besteht aus Metall (Draht), weil Metall elektrischen Strom leitet.
Berührst du dieses Metall mit deiner Haut, während das Gerät eingeschaltet ist, fließt der Strom nicht nur durch den Draht, sondern auch durch deinen Körper. Strom aus der Steckdose ist allerdings so stark, dass dein Körper ihn nicht vertragen kann. Er kann dir schwere Verletzungen zufügen und dich sogar in Lebensgefahr bringen.

Damit der Strom nicht in deinen Körper weitergeleitet werden kann und du keinen Stromschlag bekommst, ist der Metalldraht von einer Plastikhülle umgeben. Sie lässt den Strom nicht nach außen durch, sondern isoliert ihn.

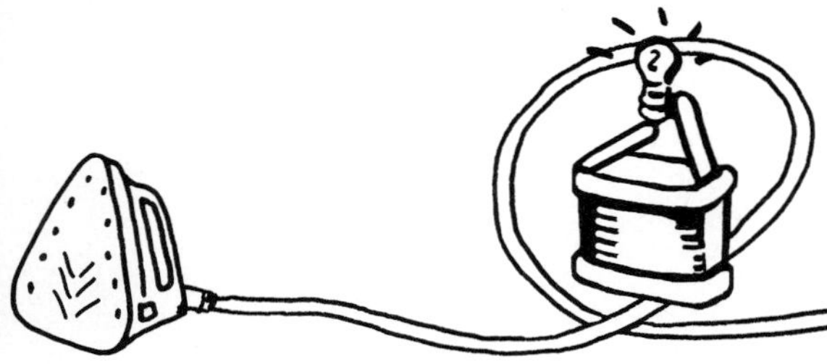

Einen Schalter erfinden

Erfinde einen Schalter, damit das Ein- und Ausschalten der Lampe einfacher ist. Wenn du möchtest, arbeite mit einem Partner zusammen.
Probieren kannst du es zum Beispiel mit diesem Material:

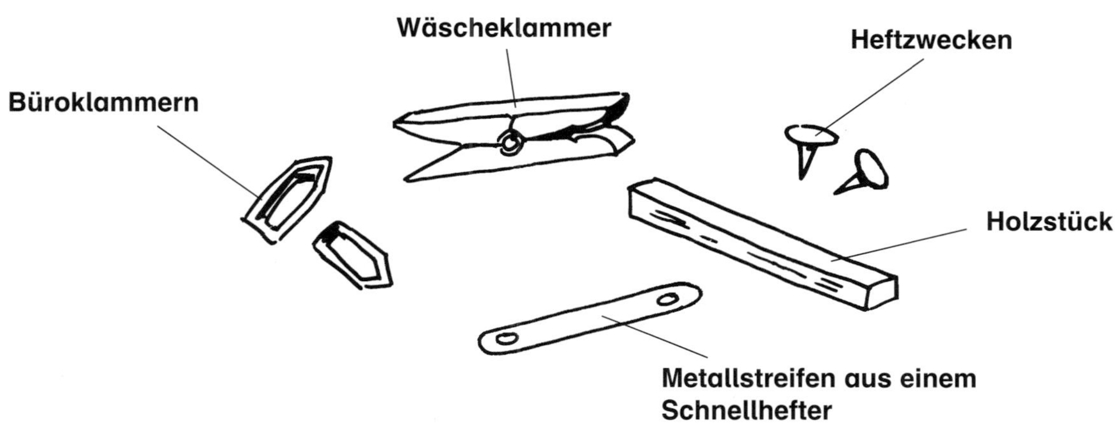

Als Erfinder hast du bestimmt noch andere Materialideen.

Schreibe oder male eine Bauanleitung.
Gibt es bei euch eine Schülerzeitung?
Veröffentliche die Anleitung dort oder hänge sie aus.
Sicher interessieren sich andere Schüler für deine Idee.

Vielleicht kann man mit deinem Schalter auch morsen. Probiere es aus. Das Morsealphabet findest du in Büchern oder im Internet unter: **http://www.tivi.de/fernsehen/loewenzahn/artikel/05116/index.html** oder **www.babbage.demon.co.uk/morseabc.html.**

Es ist hilfreich, wenn du die **Tüftelaufgabe 4** (S. 46b) oder das Arbeitsblatt **„Das Schalterinnere“** (S. 42) kennst.

Piets Problem

Wenn du möchtest, suche dir einen Partner.
Lest die Geschichte gemeinsam durch.
Vermutet, welches Problem Piet wohl hat.
Schreibt eure Vermutung in euer Heft.

Forscht nun genauer nach. Nehmt euch dazu das gleiche Material wie Piet, und baut es so zusammen, wie es hier beschrieben wird (siehe auch Zeichnung). Beobachtet, was Piets Problem ist. Schreibt eure Beobachtung auf.

Habt ihr das vermutet? Was könnte der Grund für die Schwierigkeit sein?

Piets Problem mit der Lichterkette

Eigentlich wollte Piet sich mit Mia schon vor zehn Minuten vor der Haustür zum Inlineskaten treffen.
Nun zieht Mia immer noch allein ihre Runden. Es ist merkwürdig. Sonst ist Piet meist pünktlich. Mia rollt noch ein Stück und fährt dann zur Haustür von Piets Eltern, um anzuklingeln. Es dauert nicht lange, dann öffnet Piets Vater die Tür.
„Guten Tag, Mia. Sicher möchtest du zu Piet. Er ist in seinem Zimmer, und das schon seit Stunden. Komm herein.“
Mia zieht die Inlineskater aus und folgt Piets Vater.
„Von uns will er auf keinen Fall gestört werden. Versuch du mal dein Glück“, schlägt Piets Vater vor.
„Ich werde es versuchen“, antwortet Mia und springt mit fünf Schritten die Treppe zu Piets Zimmer hinauf. Sie öffnet vorsichtig die Tür und flüstert unsicher in den Raum:
„Piet? Kann ich hereinkommen?“
„Mia! Gut, dass du kommst. Ich brauche Hilfe“, kommt Piets Stimme durch den Türspalt. Mia tritt ein.

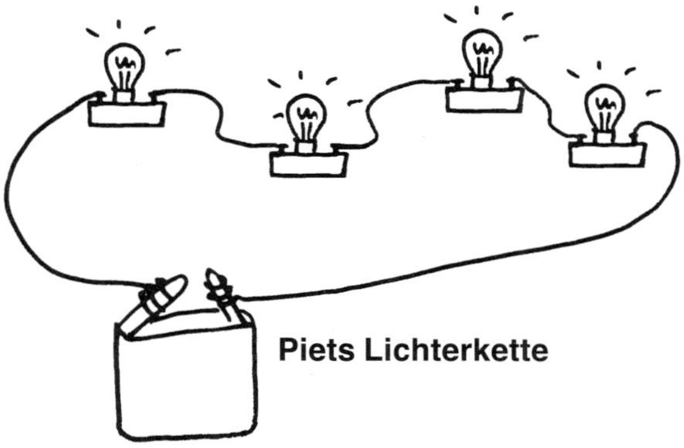

Piets Lichterkette

„Wo brennt es denn, Piet?“
Er fängt sofort an zu erklären:
„Hier, schau mal! Ich wollte eine Lichterkette basteln. Dazu habe ich eine Flachbatterie mit zwei Drähten und einer Glühlampe mit Fassung zusammengebaut. Schau, es funktioniert.“
Mia sieht die Glühlampe leuchten.
„Als nächstes habe ich noch eine Glühlampe mit einem Draht dazwischen gesetzt. Anschließend habe ich in der Lichterkette noch zwei weitere Glühlampen mit jeweils einem Draht angeschlossen. Und nun schau dir die Lichterkette mit den vier Glühlampen an.“
Mia sah ein, dass es so nicht gut war.

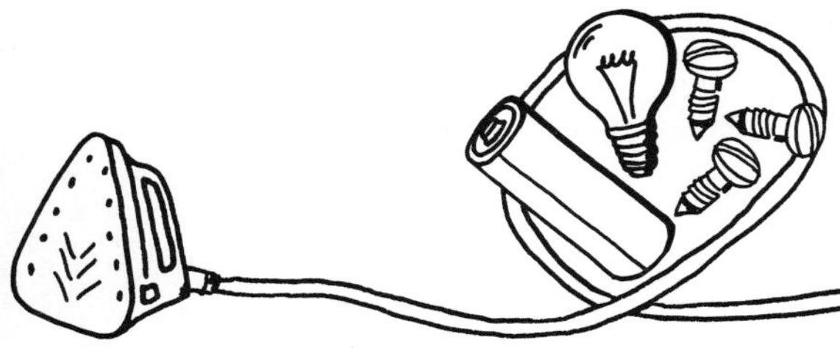

Beleuchtete Truhe

Das brauchst du:

- ✦ 1 Schuhkarton
- ✦ 1 Schraubendreher
- ✦ 1 Fassung
- ✦ 1 Flachbatterie
- ✦ 1 Glühlampe (4,5 Volt)
- ✦ 1 spitze Schere
- ✦ Klebeband
- ✦ 3 Drähte mit blanken Enden
- ✦ 2 Musterbeutelklammern

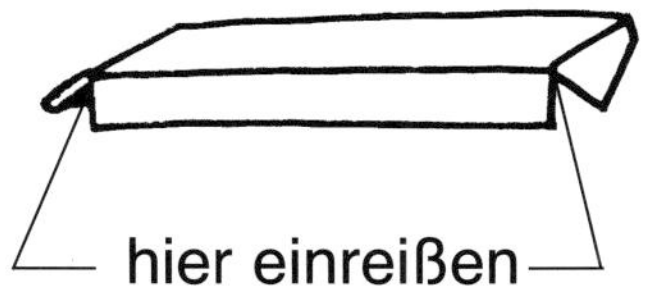

So geht es:

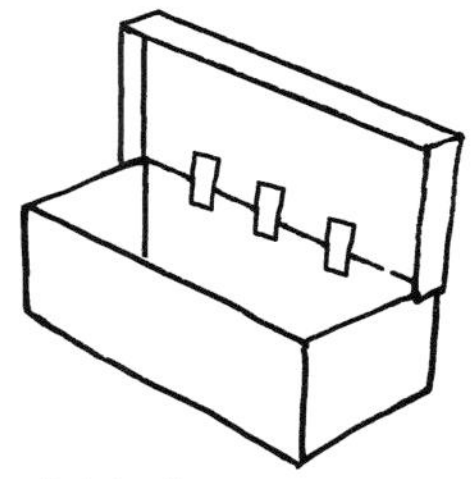

1. Befestige den Deckel des Schuhkartons so am Karton, dass du ihn auf- und zuklappen kannst. Reiße dazu die Ecken des Deckels an einer Seite ein, und klebe ihn mit dem Klebeband am Karton gut fest.

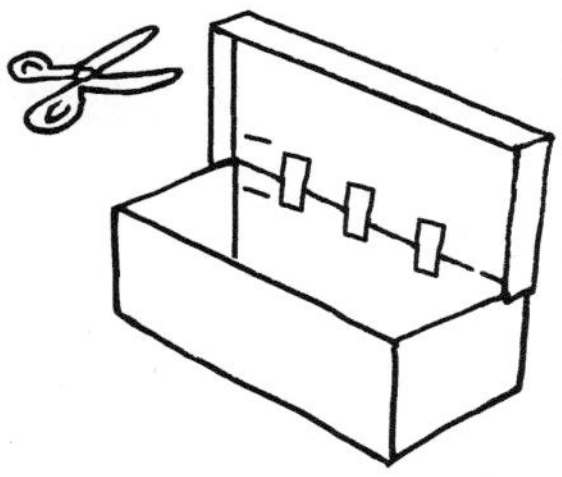

2. Mache nun, wie auf dem Bild, mit der Schere zwei kleine Einschnitte in den Karton und in den Deckel.

   Achtung! Die beiden Schnitte müssen genau übereinander liegen.

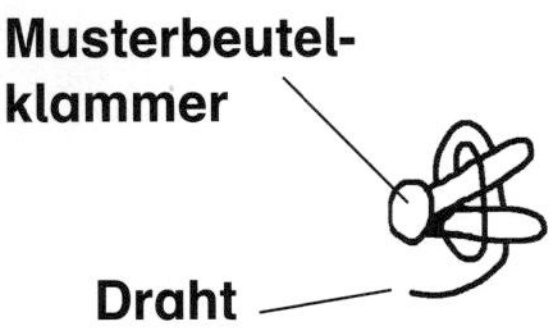

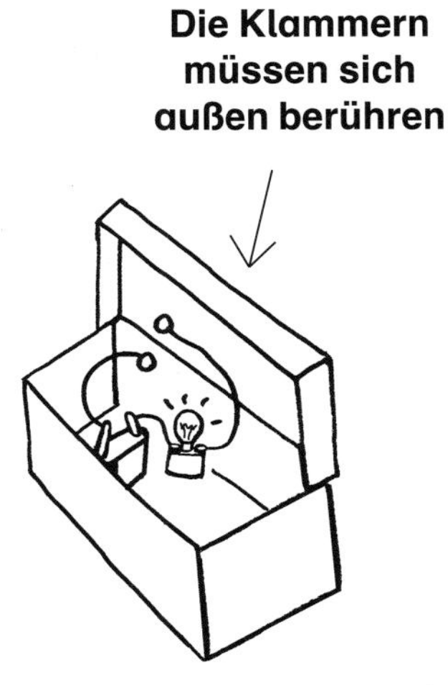

3. Wickle jetzt je einen Draht um die Musterbeutelklammern. Schiebe dann die Klammern von der Innenseite des Kartons in die Einschnitte. Die Klammern sollen sich außen berühren, wenn die Schatztruhe ganz geöffnet ist. Probiere es aus.

4. Drehe die Glühlampe in die Fassung. Verbinde anschließend die Drähte mit der Flachbatterie und der Fassung. Lege alles in den Karton.

5. Probiere aus, ob deine Beleuchtung funktioniert. Öffne dazu die Schatztruhe. Leuchtet das Licht?

6. Wenn du möchtest, kannst du deine Schatztruhe noch bemalen oder bekleben.

Das Zitterspiel

Das brauchst du:

- ✦ 1 Schuhkarton
- ✦ 1 Glühlampe (3 Volt)
- ✦ 2 Drähte mit blanken Enden (ungefähr 15 cm lang)
- ✦ 1 Draht mit blankem Ende (ungefähr 25 cm lang)
- ✦ 1 etwas dickeren Draht (ganz blank/ungefähr 80 cm lang)
- ✦ Klebeband
- ✦ 2 geladene Akkus mit je 1,2 Volt
  (1,5-Volt-Batterien funktionieren ebenso, sind aber nicht so umweltfreundlich)

So geht es:

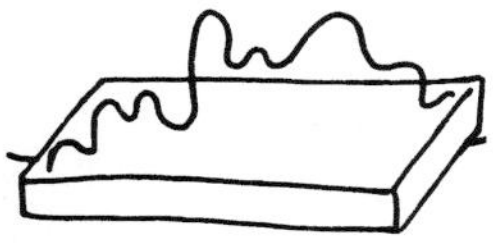

1. Biege den 80 cm langen Draht zu einer Welle (siehe Zeichnung), und stecke ihn mit den Enden in die Ecken des Schuhkartondeckels. Die Enden musst du nun um die Kartonecken herum biegen, sodass der Draht stehen bleibt.

2. Bohre in den Schuhkartondeckel ein kleines Loch, und stecke die Glühlampe hindurch.

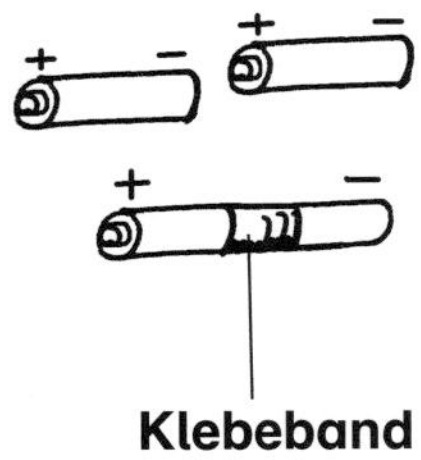

3. Klebe mit dem Klebeband die Akkus fest aneinander, und befestige an den Enden der Akkus jeweils einen Draht mit Klebeband.

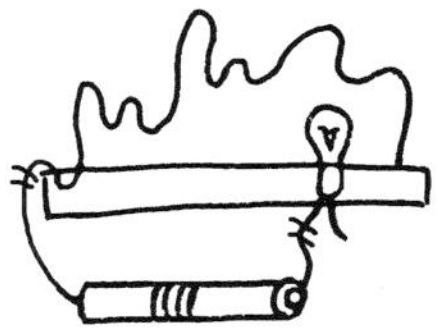

4. Verbinde den einen Draht mit dem dicken Draht der Zitterbahn. Den anderen Draht befestigst du an der Glühlampe.

5. Nimm nun den noch nicht benutzten, langen Draht, mache ihn an dem noch freien Draht der Glühlampe fest, und stecke ihn durch den Kartondeckel.

6. Biege den Draht, der aus dem Karton kommt, am Ende zu einem Kreis mit einer kleinen Öffnung. Je kleiner der Kreis ist, desto schwieriger wird es. Lege die Akkus in den Schuhkarton, und schließe ihn mit dem Deckel. Du kannst die Akkus auch mit Klebeband im Deckel festkleben.

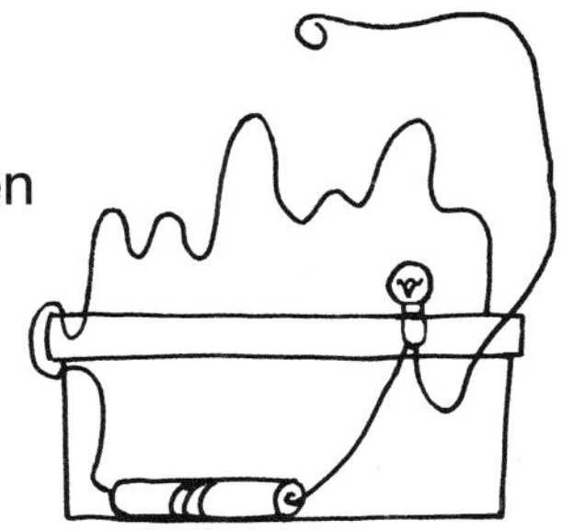

7. Probiere die Zitterbahn aus. Schaffst du es, den Haken entlang des Drahtes zu führen, ohne dass du den Draht berührst und die Glühlampe aufleuchtet?

Ein solches Spiel kann auch beim Schulfest viel Spaß bringen!

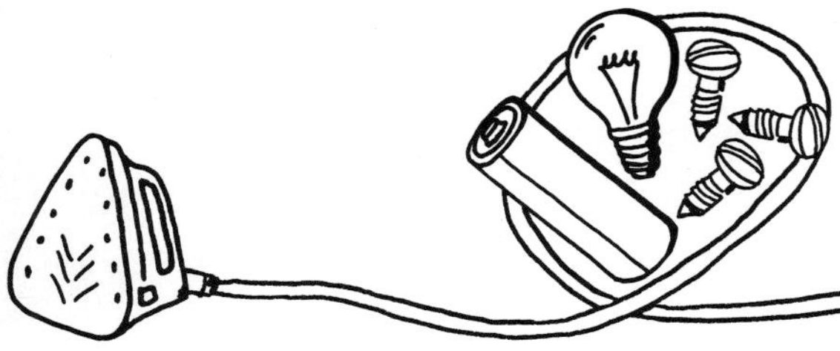

Laternenstab

Das brauchst du:

- ✦ 1 Flachbatterie
- ✦ 1 Glühlampe
- ✦ 1 Fassung
- ✦ 2 Büroklammern
- ✦ 1 Schraubendreher
- ✦ 2 isolierte Drähte mit blanken Enden (ungefähr 80 cm lang)
- ✦ Klebeband (am besten Isolierband)
- ✦ einen Laternenstab aus Holz

Baue mit diesem Material einen elektrisch beleuchteten Laternenstab. Die Bilder helfen dir:

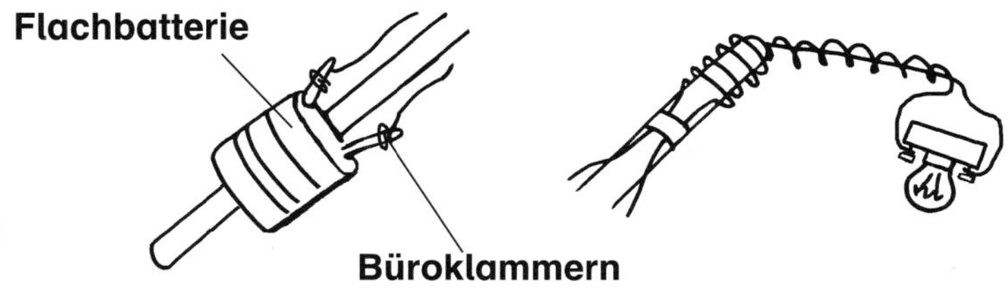

Wie man einen Laternenstab selber baut, interessiert sicher auch andere Kinder. Wenn du möchtest, schreibe eine Bastelanleitung für deinen Laternenstab, und hänge sie in der Schule aus.

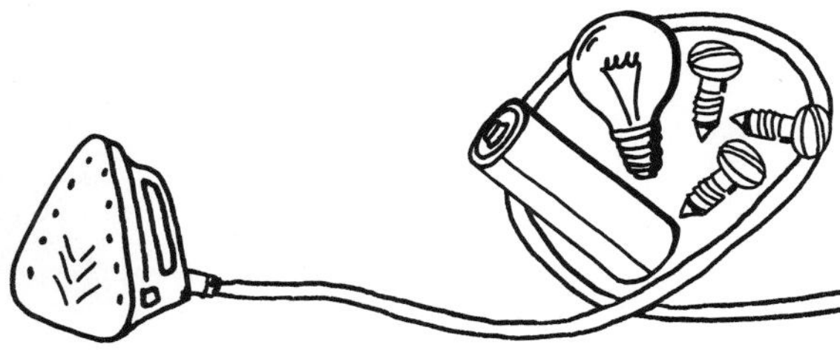

Toilettenampel

Das brauchst du:

- ✦ 1 Fassung
- ✦ 1 Glühlampe
- ✦ 1 Schraubendreher
- ✦ 1 Schere
- ✦ 2 isolierte Drähte mit blanken Enden
- ✦ 1 Flachbatterie
- ✦ 2 Büroklammern aus Metall
- ✦ Kleber
- ✦ rotes Pergamentpapier

Baue die Ampel nach diesem Plan zusammen:

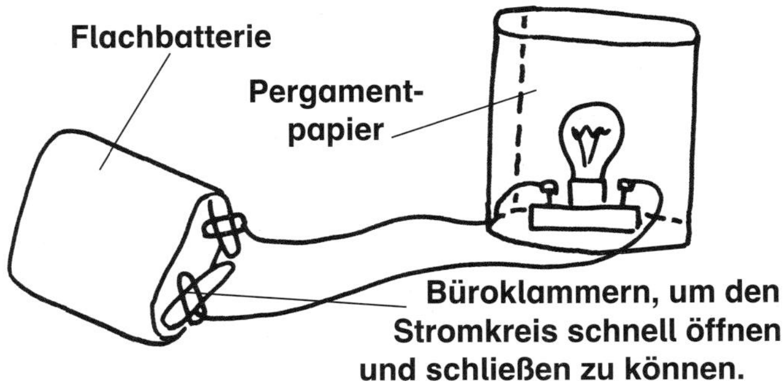

Leuchtet die Toilettenampel, so ist schon ein Kind aus der Klasse zur Toilette gegangen. Dann musst du warten. Natürlich kann die Ampel auch ein Zeichen für etwas anderes sein.

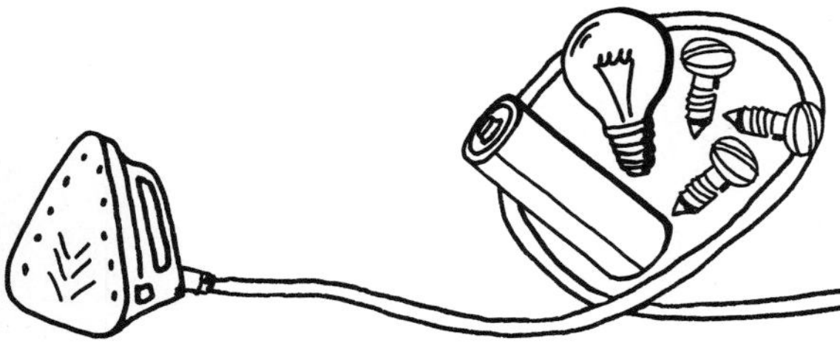

Strom im Internet

Im Internet findest du viele Bastelanleitungen, Versuchsideen und Wissenswertes rund ums Thema ‚Strom‘.
Besuche die folgenden Internetseiten, und bearbeite die Aufgaben.

www.geo.de/GEOlino
Gebe dort in das Feld **Suche nach** das Stichwort **Strom** ein. So kommst du auf die Seite: **Wenn es knistert, glüht und leuchtet – Experimente mit Strom.**

- Führe den Versuch durch.
- Eine Zitrone ist ein Vitaminspender.
  Was kann sie außerdem spenden?
- Kannst du dieselbe Zitrone immer und immer wieder für diesen Versuch gebrauchen, oder funktioniert der Versuch dann irgendwann nicht mehr?

www.windpower.org/de/kids/index.htm

- Mache den Schnellkurs über die Windenergie.
- Aus welchen Einzelteilen besteht die Windkraftanlage?

www.loewenzahn.de
Gehe auf **Sendung**, dann auf **Löwenzahn-Lexikon**, und klicke da auf **M**. Suche hier nach **Magnet**. Hier findest du die Aufgaben zum **Elektromagnet**.

- Klicke auf **Elektromagnet.**
- Führe den Versuch durch.
- Finde heraus, welche Materialien du mit dem Magneten „anziehen“ kannst.

www.physikfuerkids.de

- Schaue dir die Bastelanleitungen und Versuchsideen dieser Seite an. Welche Versuchsidee oder Bastelanleitung interessiert dich besonders?
- Probiere doch einmal einen oder auch mehrere Versuche dieser Internetseite aus.
  Wenn du möchtest, arbeite mit anderen Kindern zusammen. Besorgt euch das Material, und schon kann es losgehen. Anschließend könnt ihr den Versuch als Experten den anderen Kindern vorstellen.

www.wegerer.at/strom

- Hier kannst du dein Wissen rund um's Thema ‚Strom‘ überprüfen.

Das Strom-Spiel (1)

Die Ereigniskarten:

Es ist etwas geschehen, weshalb du einmal aussetzen, vor- oder zurückrücken musst.

Ereignisfeld

Die Fragekarten:

Beantworte die Frage, die dir vorgelesen wird. Ist die Antwort richtig, würfle erneut, ist sie falsch oder kannst du keine Antwort geben, bleibe stehen.

Fragefeld

Die Auftragskarten:

Führe die Aufträge der Karten aus. Kannst du den Auftrag nicht oder nur falsch ausführen, gehe ein Feld zurück. Ist alles richtig erledigt, rücke zwei Felder vor.

Auftragsfeld

Das braucht ihr:

- ✦ 2 oder 3 Mitspieler
- ✦ 1 Würfel
- ✦ das Spielfeld
- ✦ die Spielkarten (Ereignis-, Auftrags- und Fragekarten)
- ✦ 1 Spielfigur pro Kind

Vorbereitung:

- ✦ Klebt das Spielfeld zusammen, bemalt es, und beklebt es mit Folie oder lasst es von eurem Lehrer laminieren.
- ✦ Laminiert auch die Spielkarten, schneidet sie aus, und beklebt sie hinten mit farbigen Klebepunkten (z.B. ein grüner Punkt für die Ereigniskarten, ein roter für die Fragekarten und ein blauer für die Auftragskarten).

Spielanleitung:

1. Stellt die Spielfiguren auf das Startfeld. Legt die Karten verdeckt in drei sortierten Stapeln neben das Spielfeld.

2. Jeder würfelt zu Beginn einmal.
   Wer die höchste Zahl hat, beginnt.

3. Würfelt nun nacheinander, und rückt entsprechend der Würfelzahl vor.

4. Es gibt auf dem Weg zum Ziel drei Arten von Hindernisfeldern, zu denen die Ereignis-, Frage- und Antwortkarten gehören (siehe Abbildungen links).

   Kommst du auf eins der Felder, ziehe eine entsprechende Karte, und gib sie einem anderen Spieler. Er liest sie dir vor.
   Schreibt auch eigene Spielkarten
   (siehe Blankovorlagen S. 63).

5. Gewonnen hat der Spieler, der als erster auf dem Zielfeld steht. Einigt euch vorher, ob ihr mit der letzten Zahl ganz genau auf dem Zielfeld landen müsst.

Das Strom-Spiel (2)

Nenne drei Dinge in eurem Klassenraum, die Strom benötigen.

Zum Beispiel: Lampe, Tageslichtprojektor, Uhr.

Was heißt auf Englisch „Achtung! Lebensgefahr!“? Schaue nach.

Attention! Danger of life!

Welche Kraftwerke erzeugen umwelt-schonend Strom?

Solar-, Wasser- und Windkraftwerke.

Welche Arten von Kraftwerken gibt es?

Kohle-, Atom- und Wasserkraftwerke sowie Solar- und Windkraftwerke.

Welcher Teil der Glühlampe spendet das Licht?

Der Glühfaden spendet das Licht.

Wie müssen Altbatterien und alte Akkus entsorgt werden?

Sie gehören in Sammelbehälter oder zum Sondermüll.

Welches Gerät erzeugt in Kraftwerken Strom? Dieses Gerät arbeitet ähnlich wie ein riesiger Dynamo.

Der Generator erzeugt den Strom.

Was fehlt im folgenden Satz? Strom erzeugt Wärme, Kälte, Licht und ...

Bewegung.

Nenne drei Möglichkeiten, wie du Strom sparen kannst.

Zum Beispiel: Lieber duschen als baden.
Kühlschrank nur kurz öffnen.
Energiesparlampen benutzen ...

Nenne drei Einzelteile der Glühlampe.

Zum Beispiel:
Glaskolben
Zuleitungsdraht
Kontaktplättchen

Das Strom-Spiel (3)

Du hast fremde Kinder davor gewarnt, an einer Hochspannungsleitung Drachen steigen zu lassen.
Deine Hilfsbereitschaft bringt dich 3 Felder vor.

Du hast deinen Föhn beim Baden am Wannenrand hingelegt. Er rutscht weg und fällt runter. Zum Glück nicht ins Wasser.
Setze 1-mal aus, um dich von dem Schreck zu erholen.

Du hast alte Batterien in den Hausmüll geworfen.
Gehe drei Felder zurück.

Als du ein vom Sturm abgerissenes Kabel an einem Mast hängen siehst, informierst du sofort die Polizei.
Du rückst 2 Felder vor.

Du bemühst dich Strom zu sparen. Zum Beispiel tauschst du Glühlampen gegen Energiesparlampen aus und versuchst, hinter dir immer das Licht auszuschalten.
Gehe 1 Feld vor.

Hole dir eine Flachbatterie und eine Glühlampe. Bringe die Glühlampe zum Leuchten. Zeige genau, wo sich Batterie und Glühlampe dazu berühren müssen.

Stelle ohne zu sprechen eine Naturkraft dar, mit deren Hilfe wir Strom erzeugen können.

Male das Zeichen auf, das dich vor gefährlichem Strom (Hochspannung) warnt. Schaue nach, wenn es dir nicht einfällt.

Das Strom-Spiel (4)

Entlang der gestrichelten Linie schneiden und an Teil 2 kleben.

Das Strom-Spiel (5)

Teil 1 hier ankleben.

Literatur und Internetadressen

Sachbücher für Kinder (und Lehrer)

- Berger, Ulrike:
  Die Elektro-Werkstatt.
  Spannende Experimente mit Magneten und Strom.
  Ab 5 Jahren. Velber, 2005.
  ISBN 978-3-86613-295-5

- Franco, Cathy:
  Energie. Was Kinder erfahren und verstehen wollen.
  Ab 7 Jahren. Fleurus, 2002.
  ISBN 978-3-89717-156-5

- Köthe, Dr. Rainer:
  Elektronik.
  Was ist was.
  Ab 8 Jahren. Tessloff, 2006.
  ISBN 978-3-7886-2870-3

- Köthe. Dr. Rainer:
  Elektrizität.
  Was ist was.
  Ab 8 Jahren. Tessloff, 2001.
  ISBN 978-3-7886-0264-2

- Spurgeon, R.; Flood, M.:
  Das Energie-Buch.
  Von der Kohle bis zur Sonnenenergie – verschiedene Energieformen und ihre Nutzung. Ars edition, 2002.
  ISBN 3-7607-4554-7
  (Dieses Buch ist nicht mehr im Handel erhältlich, jedoch in vielen Bibliotheken zu finden.)

Internetadressen für den Lehrer

- **www.grs-batterien.de**
  Seite des Gemeinsamen Rücknahmesystems (GRS) mit komprimierten Infos zum Aufbau von Batterien bzw. Akkus sowie zum Batterieverbrauch in Deutschland und zur Batterierücknahme und -verwertung.

- **www.umweltbundesamt.de**
  Hier finden Sie umfangreiche Informationen zur Umweltrelevanz von Batterien sowie Akkus und zum Umgang mit ihnen. Außerdem gibt es Energiespar- bzw. Stromspartipps und es können kostenlose Broschüren zu beiden Themen angefordert werden.

- **www.hea.de**
  Hier findet sich ein umfassendes, bebildertes Online-Lexikon zum Thema „Energiewelten".

- **www.varta-automotive.com/de/**
  Hier finden Sie zahlreiche Informationen über Batterien. Es gibt ein Batterie-Lexikon, Informationen über die Geschichte der Batterie und den Umgang mit Batterien.

Ergänzendes Unterrichtsmaterial

Folgende Unterrichtsmaterialien sind kostenpflichtig zu bestellen unter:

VWEW Energieverlag GmbH
Kleyerstr. 88
60326 Frankfurt am Main
www.vwew.de

- **Spaß – Spiel – Spannung mit Glühbert, Wolfram und TurBiene.**
  Mal- und Rätselbuch mit Rezepten und dem Energiespar-Champion-Spiel.

- **Glühbert, Wolfram und TurBiene entdecken die Geheimnisse der Elektrizität.**
  Grundlagenheft zum Stromkreis für die 3. und 4. Klasse.

- **Glühbert, Wolfram und TurBiene auf den Spuren der Energie.**
  Energieumwandlung, Stromproduktion und Energiesparen.

- **Energie clever nutzen!**
  Das Energiespar-Poster mit Glühbert, Wolfram und TurBiene.

- **Elektrobastelset.**
  Mit Fassungen, Glühlampen und Leitungsdraht im Klassensatz.

- **Glühbert, Wolfram und TurBiene, Spielhaus.**
  Aus Pappe zum Zusammenbauen und beleuchten.

Die in diesem Werk angegebenen Internetadressen haben wir geprüft (Stand Februar 2009). Da sich Internetadressen und deren Inhalte schnell verändern können, ist nicht auszuschließen, dass unter einer Adresse inzwischen ein ganz anderer Inhalt angeboten wird. Wir können daher für die angegebenen Internetseiten keine Verantwortung übernehmen.

Verlag an der Ruhr

Postfach 10 22 51,
45422 Mülheim an der Ruhr

Alexanderstraße 54,
45472 Mülheim an der Ruhr

Bitte richten Sie Ihre
Bestellung an:

Telefon 0208/49 50 40
Fax 0208/495 0 495

bestellung@verlagruhr.de

Es gelten die aktuellen Preise auf unserer Internetseite.

Individuelle Entwicklungspläne
Schüler optimal begleiten und fördern – das schwedische Modell
Kl. 1–10, 199 S., A4, Pb., z.T. zweif.
ISBN 978-3-8346-0261-9
Best.-Nr. 60261
23,– € (D)/23,65 € (A)/40,30 CHF

Das Portfolio-Konzept in der Grundschule
Individualisiertes Lernen organisieren
Kl. 1–4, 129 S., A4, Pb. ,vierf.
ISBN 978-3-8346-0137-7
Best.-Nr. 60137
19,50 € (D)/20,– € (A)/34,20 CHF

Was ist Portfolioarbeit?
Für alle Altersstufen, 68 S., A5, Pb.
ISBN 978-3-8346-0306-7
Best.-Nr. 60306
9,80 € (D)/
10,10 € (A)/18,– CHF

„Die hat aber angefangen!"
Konflikte im Grundschulalltag fair und nachhaltig lösen
Kl. 1–4, 238 S., 16 x 23 cm, Pb.
ISBN 978-3-8346-0307-4
Best.-Nr. 60307
18,50 € (D)/19,– € (A)/32,40 CHF

Basics für VertretungslehrerInnen
Praxistipps und Stundenideen für die Grundschule
Kl. 1–4, 152 S., 16 x 23 cm, Pb.
ISBN 978-3-8346-0309-8
Best.-Nr. 60309
16,80 € (D)/17,30 € (A)/29,50 CHF

111 Ideen für das 1. Schuljahr
Vom ersten Schultag bis zum letzten Buchstabenfest
Kl. 1, 243 S., 16 x 23 cm, Pb.
ISBN 978-3-8346-0363-0
Best.-Nr. 60363
18,50 € (D)/19,– € (A)/32,40 CHF

Lerncoaching
Vom Wissensvermittler zum Lernbegleiter. Grundlagen und Praxishilfen.
Für alle Schulstufen, 140 S., 16 x 23 cm, Pb., zweif.
ISBN 978-3-8346-0393-7
Best.-Nr. 60393
16,80 € (D)/17,30 € (A)/29,50 CHF

Fördermaterial: Visuelle Wahrnehmung
Basistraining
6–10 J., 102 S., A4, Spiralb., mit 4-farbigen Abbildungen
ISBN 978-3-8346-0362-3
Best.-Nr. 60362
20,50 € (D)/21,10 € (A)/35,90 CHF

Das große Wortarten-Poster
mit Kopiervorlagen
Kl. 2–4, A0 Poster inkl. 16 S. Begleitheft A4, in Aufbewahrungstasche
ISBN 978-3-8346-0368-5
Best.-Nr. 60368
13,50 € (D)/13,90 € (A)/24,30 CHF

Mathe mit dem ganzen Körper
50 Bewegungsspiele zum Üben und Festigen
Kl. 1–4, 80 S., 16 x 23 cm, Pb.
ISBN 978-3-8346-0315-9
Best.-Nr. 60315
11,80 € (D)/12,15 € (A)/21,30 CHF

Bewegungsspiele in Englisch – 1. Lernjahr
Kl. 1–6, 102 S., 16 x 23 cm, Pb.
ISBN 978-3-86072-896-3
Best.-Nr. 2896
13,– € (D)/13,40 € (A)/23,30 CHF

Keiner darf zurückbleiben!

Informationen und Beispielseiten unter
www.verlagruhr.de

Verla
an der Ru

Mit Fingern und Fäden
Einfache Textiltechniken – Schritt für Schritt
6–10 J., 72 S., A4, Papph. (mit vierf. Abb.)
ISBN 978-3-8346-0375-3
Best.-Nr. 60375
19,50 € (D)/20,– € (A)/34,20 CHF

Das bin ich!
Bildnerisches Gestalten mit Kindern
6–10 J., 107 S., 20,1 x 29,7 cm, Pb., vierf.
ISBN 978-3-86072-942-7
Best.-Nr. 2942
21,– € (D)/21,60 € (A)/36,80 CHF

So seh ich das!
Bildnerisches Gestalten mit Kindern
6–10 J., 110 S., 20,1 x 29,7 cm, Pb., vierf.
ISBN 978-3-86072-965-6
Best.-Nr. 2965
21,– € (D)/21,60 € (A)/36,80 CHF

Alles ist Musik!
Kinder experimentieren mit Rhythmus und Klang
6–11 J., 110 S., 20,1 x 29,7 cm, Pb., vierf.
ISBN 978-3-8346-0273-2
Best.-Nr. 60273
21,– € (D)/21,60 € (A)/36,80 CHF

Von Schulanfang bis Abschiedsfeier
Schöne Theaterstücke mit wenig Aufwand
Kl. 1–4, 63 S., A4, Papph.
ISBN 978-3-8346-0248-0
Best.-Nr. 60248
19,50 € (D)/20,– € (A)/34,20 CHF

Deko-Mobiles für Arbeitsräume und Lernecken
5–10 J., 42 S., Pb. (mit vierf. Abb.)
ISBN 978-3-8346-0361-6
Best.-Nr. 60361
14,– € (D)/14,40 € (A)/24,90 CHF

Vorlagen für Geburtstagskalender
0–10 J., 41 S., A4, Pb. (mit vierf. Bildergalerie)
ISBN 978-3-8346-0360-9
Best.-Nr. 60360
14,– € (D)/14,40 € (A)/24,90 CHF

30 Geschichten für Geburtstagskinder
5–10 J., 98 S., 16 x 23 cm, Pb.
ISBN 978-3-8346-0369-2
Best.-Nr. 60369
12,80 € (D)/13,15 € (A)/23,– CHF

Kinder lernen Tiere aus Feld und Wiese kennen
Ein Arbeitsbuch mit Steckbriefen, Sachgeschichten, Rätseln, Spielen und Bildkarten
4–8 J., 169 S., A4, Pb. (mit vierf. Abb.)
ISBN 978-3-8346-0359-3
Best.-Nr. 60359
19,80 € (D)/20,35 € (A)/34,70 CHF

Kinder lernen Waldtiere kennen
Ein Arbeitsbuch mit Steckbriefen, Sachgeschichten, Rätseln, Spielen und Bildkarten
4–8 J., 167 S., A4, Pb. (mit vierf. Abb.)
ISBN 978-3-8346-0244-2
Best.-Nr. 60244
19,80 € (D)/20,35 € (A)/34,70 CHF

Zusammen spielen – nicht gegeneinander!
150 kooperative Spiele für Kinder
3–12 J., 284 S., 16 x 23 cm, Pb.
ISBN 978-3-8346-0247-3
Best.-Nr. 60247
19,50 € (D)/20,– € (A)/34,20 CHF

Kinder entspannen mit Yoga
Von der kleinen Übung bis zum kompletten Kurs
5–10 J., 150 S., 21 x 22 cm, Pb.
ISBN 978-3-8346-0291-6
Best.-Nr. 60291
17,80 € (D)/18,30 € (A)/31,20 CHF

Keiner darf zurückbleiben!

Informationen und Beispielseiten unter
www.verlagruhr.